重写成长故事
逆看原生家庭

王劲 ◎ 著

九州出版社
JIUZHOUPRESS

图书在版编目（CIP）数据

重写成长故事，逆看原生家庭 / 王劲著 . -- 北京：
九州出版社，2021.9

ISBN 978-7-5225-0385-1

Ⅰ . ①重… Ⅱ . ①王… Ⅲ . ①家庭—社会心理学
Ⅳ . ① C913.11

中国版本图书馆 CIP 数据核字（2021）第 157910 号

重写成长故事，逆看原生家庭

作　　者	王　劲　著	
责任编辑	高美平	
出版发行	九州出版社	
地　　址	北京市西城区阜外大街甲 35 号（100037）	
发行电话	（010）68992190/3/5/6	
网　　址	www.jiuzhoupress.com	
印　　刷	三河市德贤弘印务有限公司	
开　　本	710 毫米 ×1000 毫米　16 开	
印　　张	13	
字　　数	150 千字	
版　　次	2022 年 1 月第 1 版	
印　　次	2022 年 1 月第 1 次印刷	
书　　号	ISBN 978-7-5225-0385-1	
定　　价	56.00 元	

前　言

　　家是爱的归属，是避风躲雨的港湾；家是温暖的巢穴，是倦鸟归来的依靠；家是幸福的源泉，是人不断前进的动力。然而很遗憾，有时家也是伤痛的滋生地，滋生而出的伤痛就像是插在人心中的一根刺，让人无法喘息，又无法剔除。

　　有些人，在经历了外界的磨炼之后，带着疲惫的身体回归家庭，接受爱的滋养，很快就能恢复生龙活虎的模样；有些人，则带着满心的伤痕逃离家庭，即使在外遭受风雨，也不愿回归家庭。家本该是爱的滋养地，缘何会成为伤痛的滋生地？

　　无论是爱还是伤痛，都离不开我们赖以生存又无法逃离的原生家庭。万物都无法达到完美，原生家庭也是如此。那我们就只能承受来自原生家庭的伤痛，并且让这伤痛跟随我们一生吗？当然不必如此。我们要做的就是勇敢地逆向剖析我们的原生家庭，了解我们的原生家庭，寻找原生家庭带给我们伤痛的根源，同时找到祛除伤痛的方法，杜绝伤痛延续。一言以蔽之，就是努力与家庭和解，与自己和解，重写自己的成长故事，迎接美好的未来人生。

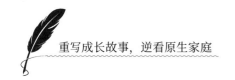
如何与原生家庭和解，重写自己的成长故事，是一个值得深思的问题。本书帮你细细分析这一问题，并可以帮你解决这一问题。本书从人人都关心的原生家庭这一话题入手，对原生家庭的相关问题进行了全面解析。通过阅读本书，你能够对原生家庭的本质以及那些源自原生家庭的伤痛有一个透彻的认识；你也能够明白家庭的养育环境以及父母的言行对孩子的身心有多么重要；你还将充满勇气，逆向突破，并找到与原生家庭和解的方法，与原生家庭握手言和；不仅如此，你还将懂得如何成为聪明称职的父母，知道应该怎样塑造健康的原生家庭，指引孩子拥有美好的未来人生。

本书汇聚了作者的心得与体会，不仅语言流畅，逻辑清晰，而且内容饱满，情感真挚。作者将内心的期盼通过具体案例娓娓道来，亦将千言万语凝聚于"家庭日记"版块中的几句话。作者的愿望只有一个，那就是让你重新认识自己的原生家庭，重新拥抱自己的原生家庭。

原生家庭并非白璧无瑕，那么我们就接受它的不完美，勇敢地突围并逆向回归，重写我们的成长故事！

目 录

第一章　原生家庭，我们从小成长的环境 …… 001

究竟什么是原生家庭 …… 003

认识我们的家族谱系 …… 009

解读家庭关系运行之谜 …… 015

家庭系统中付出与接受的平衡 …… 021

第二章　爱与不爱，源自原生家庭的伤痛 …… 027

是爱，还是无法承受之重 …… 029

无法逾越的家庭规则 …… 035

无法言说的孤独，源自父母不懂你 …… 039

受原生家庭控制的人格形成 …… 045

遭遇创伤后的我们 …… 049

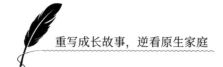
第三章　养育环境，影响孩子一生的因素 …… 055

乖孩子的养成，可能是因为受到了原生

　　家庭的伤害 …… 057

重男轻女思想的危害有多大 …… 061

家庭中缺失的角色 …… 065

不要忽视父母秉性对孩子的影响 …… 069

过高的期望只会换来孩子的逃避和反抗 …… 073

第四章　父母言行，影响孩子的心理健康 …… 079

伤人的言语，给孩子心灵造成重击 …… 081

无情的讽刺，是孩子心中抹不去的伤痕 …… 087

无休止的说教，换来的不一定是听话 …… 093

棍棒之下真的出人才吗 …… 099

冷暴力，是对孩子的精神虐杀 …… 105

第五章　逆向突破，与原生家庭握手言和 …… 111

告别创伤，不做永恒的受害者 …… 113

与父母和解，尝试去了解父母 …… 117

自我治愈，走出原生家庭的创伤 …… 123

寻找与原生家庭新的平等相处之道 …… 127

重写我们的成长故事，完成自我蜕变 …… 131

第六章 称职父母，重塑健康的原生家庭 …… 137

好的原生家庭有着怎样的标准 …… 139

良好的家庭氛围是原生家庭之伤的终结者 …… 145

爱你的配偶，这是很好的养育建议 …… 151

与孩子开展健康的沟通，建立亲密关系 …… 155

向孩子证明你很重视他 …… 161

第七章 聪明父母，点亮孩子未来人生 …… 167

给孩子立下规矩 …… 169

传播正确价值观，给予孩子建议并捍卫

孩子的权益 …… 175

给予孩子充分的尊重，和孩子成为朋友 …… 179

引领孩子摆脱自卑，走向自信 …… 183

锻炼孩子的意志力，提升孩子的心理承受能力 …… 187

让孩子有一颗豁达的心 …… 191

重视对孩子自立精神的培养 …… 195

参考文献 …… 199

第一章

原生家庭，
我们从小成长的环境

从一般意义上来讲，我们出生和成长的环境就是所谓的"原生家庭"。而这个我们赖以生存和成长的环境，对我们一生的发展都有着重要的影响。我们如何认识、评价和分析自我，在社会上采取怎样的接人待物的方式，包括我们的人生观、价值观和世界观，都深受童年时期原生家庭生活环境潜移默化的影响。所以，走进原生家庭，认识我们从小成长的环境很有必要。

究竟什么是原生家庭

解读原生家庭

现在，原生家庭是一个被人们谈论较多的话题，尤其在分析影响一个人人生成长经历以及性格形成的要素时，原生家庭就会成为被剖析的焦点，由此人们会不禁发出这样的疑问：究竟什么才是原生家庭呢？

在社会学领域，有关原生家庭概念内涵与外延的论述非常清晰。社会学专家们普遍认为，原生家庭指的是父母，以及和父母生活在一起的未婚子女，他们在血缘关系下所构成的一组家庭关系。换句话说，未婚的子女和父母，就是原生家庭的组成要素。

有原生家庭，就有和原生家庭相对的新生家庭。一旦子女成婚，和另一半组成了一个新家庭，那么这个新家庭，对于自身曾经生活的原生家庭而言，就是新生家庭了。同时在另一方面，新生家庭的夫妻双方，生下子女，便又构成了另一个原生家庭。

由此可知，原生家庭和新生家庭相比，其实是一个相对的称呼而已，在不同的时空背景和家庭关系组合下，原生家庭可分化转换为新生家庭，新生家庭又在孕育子女等新的家庭成员基础上，衍生出另一个原生家庭。

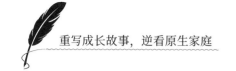 原生家庭中的"铁三角"关系

比较有趣的是，当我们在梳理原生家庭内部各家庭成员的关系时，会发现这样一个奇特的现象：在原生家庭内部，丈夫、妻子以及子女三者之间，构成了一个坚固的铁三角的关系。

首先是夫妻之间，作为因为相互爱慕而走在一起的伴侣，他们之间构成的是一种夫妻关系，或者说是一种婚姻关系；其次是父母和他们所孕育的子女之间，构成的是一种亲子关系。如果此时手边有笔的话，我们不妨将父亲、母亲以及子女三者之间的夫妻关系和亲子关系连接起来，就会发现眼前呈现出一幅稳固的三角关系结构图。

在几何学中，三角形最为牢固，因此人们在形容原生家庭这种稳固的三角关系时，常会用"铁三角"这一称谓。在这一铁三角中，父母是子女衣食来源、生活成长最为重要的依靠；反之，子女也是父母无比期许的对象和倍加珍惜的爱情结晶。这一关系得以形成的核心和稳定基石，就是无处不在的血缘关系和亲情理念。

明白了原生家庭中铁三角关系的构成，我们也会从中发现，良好

的夫妻关系是稳定"铁三角"最为重要的基础。夫妻和谐亲密，相互爱慕，才能在彼此通力合作下，共同抚育子女健健康康地生活成长。在一些原生家庭内部，有时夫妻关系不是太和睦，常爆发冷战和争吵，但对孩子亲情关系的共同珍视，依然可以让这一"三角"关系保持脆弱的平衡。

此外，"铁三角"中的亲子关系也尤为重要。和睦亲密的亲子关系会反向"哺育"夫妻关系，这自然是由亲子关系天然的血缘特性所决定的。

当孩子来到世间的时候，无论是孩子生物学意义上的父亲，还是母亲，这一称谓是任何时候都无法改变的；作为父母的爱情结晶，孩子的身上流淌和传承着父母各自一半的血液与基因，这种构建在血缘基础上的亲子关系，是其他任何关系都无可替代的永恒存在。

了解了原生家庭中"铁三角"关系的重要性，具体到每一个原生家庭里面，又该如何去经营和维护这一独特的三角关系呢？

首先，原生家庭中应该有和谐的亲子关系氛围。

显然，在家庭内部有新生命诞生之后，夫妻双方就自动扮演起了新原生家庭中的父母角色。处理好亲子关系，给予孩子无忧无虑的童年生活，教授给孩子为人处世的方式和方法，塑造他们良好的性格与性情，自然是这一原生家庭内部最应注意的地方。

我们不妨换一个角度来理解这一问题。从孩子的视角来看，每一个生活在童年期的孩子，都需要一个安全、被人喜爱、身心放松的地方，这个地方，在孩子的心目中，就是他们幸福的源泉和人生成长过程中的心灵港湾，从中得以培养出良好的性情特征和行为习惯。原生家庭，应该是孩子眼中最温暖、最安全的那个地方。

在一个充满温馨和爱的原生家庭中，孩子从父母那里得到了充分的呵护和肯定，这种被认可、被爱的感受，会在孩子的内心深处悄然萌芽，内化成一种积极向上的生活信念，并由此影响孩子一生的成长。

其次，让孩子感受到无处不在的安全感。

与积极向上生活理念伴生的，还有厚重的安全感。在父母呵护下生发的安全感，也会使孩子们因此变得自信阳光，敢于相信自我，敢于去相信他人，这也是来自原生家庭最为原始的一种信任感。

孩子拥有了这一原始信任感后，他们的生命也将因此变得真实和完整，充满无穷的活力和创造力。

反过来，那些缺乏温馨亲子关系的原生家庭，父母冷漠，疏远和孩子的血缘亲情；或是在多子女的家庭中，偏爱一个，忽视另一个，以至于在其中一方的心理上投下了一片阴影，在孤独、无助和恐惧的氛围中长大的他们，会自卑、敏感且内向。

雅馨是在一个缺乏温情的原生家庭中长大的女孩。生活在农村的她，下面还有弟弟、妹妹，作为女孩子且是老大的她，在重男轻女的父母眼中，自然不受欢迎。无论是难得的美食还是有限的玩具，雅馨从小就被父母灌输要时刻让着弟弟。

渐渐长大的雅馨，也因此变得孤独、自闭起来。表面上看，求学期间和工作后的她，是一名独立自主的女性，给人一种高冷的感觉。实际上，雅馨除了拼命工作之外，不敢交朋友，也不愿融入同事的大集体之中，在无数个孤独的夜晚，备受寂寞煎熬的她，精神几乎到了崩溃的边缘，还患上了抑郁症，一度有了轻生厌世的想法。

雅馨的生活成长经历，正是在原生家庭中缺乏必要关爱的典型代表。在这种压抑家庭氛围中长大的他们，或极力追求完美，占有欲或攫取欲非常强烈；或易怒暴躁，和周围的人格格不入，难以维持融洽的人际关系；或敏感自卑，自我价值感低，习惯于刻意掩饰真实的自我，长期遭受负面情绪的折磨。

此时再回到原生家庭中的"铁三角"关系，人们会由此懂得，应给予孩子足够的爱，日常生活中给予他们高质量的陪伴，细心观察孩子情绪的变化，倾听孩子内心情感的需求，提升孩子在原生家庭中的心理安全感，在这种爱的教育和陪伴下，这一"三角"中的各方会相互倚重，相互支撑，关系不仅会越来越稳固，也会越来越具有牢不可破的韧性，对孩子一生的成长发展，都将带来无穷的益处。

认识我们的家族谱系

什么是家族谱系

　　了解家族谱系，我们应首先了解家族的概念。在社会学的范畴上，家族，指代彼此之间具有血缘关系的社会成员组成的一个社会群体。简单地说，从爷爷、奶奶到父母、子女，几代家庭成员在同一血统下构成的社会关系。

　　在一个大家族中，可能会有曾祖父母和曾孙五代同堂的盛况；大的家族中，祖孙几代共同生活在一起，是最为常见的场景。长幼有序所构建的家族血脉延续，就是我们常说的家族谱系。

家族谱系的重要性

　　对于一个个体生命而言，他的性格养成和人生成长，莫不受所在

原生家庭生活环境潜移默化的影响。或者说，个体业已形成的性格特征和行为习惯，都或多或少带有原生家庭的影子。

而在这样的一个认知基础上，我们也会发现曾经生活过的原生家庭，它能帮助我们认识到自己究竟需要什么样的生活和工作；鼓励我们去大胆追求自己想要的事物，寻找"真实且真正的自我"；指导我们在今后的人生道路上，构建亲密和谐的人际关系。

凡此种种，都离不开人们对家族谱系的再认识。家族谱系带有天然的血缘存续关系，尤其对于秉持"慎终追远"理念的中国人而言，家族谱系的构建和绘制，不仅是对家庭成员血缘传承来源的一种追溯，也是对近几代家庭成员人生经历的一种记录。每一个家庭成员，在仔细分析家族谱系之后，会发现里面蕴含着自己未来人生成长的"密码"。

安然生长在一个五口之家，父亲是一名奋战在公安战线上的"老兵"，而母亲则是一名教师。

在安然的印象中，他的父亲，总是一副严肃认真的样子，告诉他们做人要正直，要敢于和坏人做斗争；而温和善良的母亲，带给他们兄弟姐妹更多的是与人为善的人生理念。慈母严父，努力上进，是安然的原生家庭最为显著的烙印。

在父母良好的教育和引导下，安然和兄妹长大成人之后，也踏着父母的足迹一路走来。安然的哥哥选择了警察的职业，安然是一位大学老师，他的妹妹，则在一家事业单位从事会计工作。

当人到中年之后，安然回首往昔，发现他们兄弟姐妹人生成长的轨迹，几乎是父母过往人生的"翻版"，至少在对待子女教育上，安然也常以他所生活的原生家庭为傲，并以此来教导自己的子女，培养他们正直、善良的品行，踏踏实实做事，堂堂正正做人。

　　来自原生家庭至亲血缘关系的影响，不仅有正面的例子，也有反面影响的存在。阿强来自一个离异的原生家庭，在他模糊的童年记忆中，父亲在其中扮演着一个不合格的角色——动不动就家暴母亲，最终导致忍无可忍的母亲愤而离婚，带着他来到了一个新的家庭中。

　　虽然童年的记忆并不是太清晰，但长大后的阿强，经常酗酒，性情暴躁，和同事之间的关系也搞得非常糟糕。对此苦恼万分、想要改变现状的他，在一次和母亲敞开心扉的长谈中得知，当年他的亲生父亲就是酗酒成性，喝完酒就在赌桌前流连尽兴，一旦失意而归，他们母子就成了他的"出气筒"。

　　自此阿强才意识到，童年原生家庭的阴影，并没有因为他离开这个家庭而有所改变，性格孤僻、自卑的他，也无形中继承了父亲暴躁易怒的一面，在酒精的作用下，他活成了自己曾无比讨厌的模样。

　　从安然与阿强两个人的事例中不难看出，一个人所在原生家庭的生活环境，对他本人及其后代存在着莫大的影响。其中的缘由，自然也是人们认识并重视家族谱系的原因所在。

　　比如在一个人的原生家庭内部，爷爷酗酒，父亲在爷爷的影响下，会有两个分化：一个是受爷爷影响，父亲会酗酒成性；另一个是父亲反感爷爷的做法，发誓滴酒不沾。而生活在这个家庭中的这个人，也会相应地受到影响。

　　显而易见，有时候即使你对原生家庭中前几代的家庭成员不太了解，然而他们却一直在悄悄地影响着你原生家庭的发展和平衡。如果做一个合适比喻的话，原生家庭就像是一棵枝繁叶茂的大树，在原生家庭中出生成长的孩子，无疑就是这棵大树上的分枝。而随着孩子的长大，通过婚姻关系，将另外一棵树上的枝条嫁接过来，长出新枝，形成新的原生家庭，此时新原生家庭中的孩子，就是新枝上所结的"果"，吸收来自"原树"和"新枝"的营养。由此，曾经的原生家庭虽然经过了一代代的开枝散叶，然而在某种程度上，始终影响着新原生家庭中家庭成员的人生际遇，从而也使得这个广阔的世界，变得更加热闹和精彩起来。

如何绘制家族谱系图

当我们懂得了原生家庭家族谱系的重要性之后，又该如何更好地认知我们所生活过的原生家庭的家族谱系呢？这就涉及一个绘制原生家庭家族成员谱系图的问题。

在具体绘制家族谱系图时，我们需要做的工作，一般分为这样几个步骤。首先是向父母询问一些细节方面的问题，如父母结婚的日期，父母的生日、出生地等信息，其中还包括父母的职业、教育背景以及业余爱好等关键性要素。

第一步完成之后，接下来就是了解与掌握父母或祖父母所信奉的家庭规则，其中包括对子女的教育理念，对亲情和金钱的态度等几个方面。

也许在和父母或祖父母进行这样的交流时，会引起他们的反感和不快，不过你可以坦诚地告诉他们，你需要让自己的人生有一个切实的改变，这对你的人生发展有着重要的意义，你仅仅是了解其中的原委和家庭信息而已，不必反应过度。

在此基础上绘制出来的家族谱系图，应当至少包括三代——祖辈、父辈和自己。这样的家族谱系图，会让人产生一种全新的家庭归属感，通过梳理家庭成长发展的时光印记，了解我们曾经忽视的家庭运转模式和内在亲密关系。

不过我们需要清楚的是，当我们下决心去了解自身原生家庭的家族谱系，直面自我的原生家庭时，期间必然要经过一个漫长的过程，无论是痛苦还是甜蜜，我们都应做好承受并接纳的心理准备。

解读家庭关系运行之谜

家庭成员彼此之间的影响关系

人们常常把家庭内部各个成员的独特个性，形象地比喻为手指和手掌的关系。一般情况下，一个手掌有五根手指，不过由这五根手指组成的手掌，绝非仅仅是数量上的简单相加，每一根手指，在其他手指的配合下，形成了自身在手掌中与众不同的"个性"。

换句话说，拇指有拇指的功能，食指有食指的功用，它们之间相互配合，相互协作，在彼此共同作用下，充分发挥了手掌整体的功用性。如果少了一根手指，手掌的整体功用性和灵活度就会大打折扣。此时剩余的几根手指，不得不部分代替失去的那根手指的功用，尽量维持整个手掌伸、张、握、拿的功能少受残缺的影响。

理解了这一点，也就不难认识到，在家庭内部关系上，也蕴含相同的道理。当然，这一家庭内部运行关系的复杂性，要远远超过手指和手掌局部与整体相配合的关系。对于家庭内部成员来说，每一个生活在其中的个体，也都会有自我独特的"个性"存在。当然，这种独特的"个性"，和身边其他家庭成员的个性之间有着紧密的关系；由此类推，其他家庭成员的独特个性，也受其家庭内部成员个体的影响。

举例来说，在一个家庭内部，性格温和的父母所培育出来的孩子，也大多拥有温良的性情，做事从容，平和优雅，他们这一家庭内部各个成员之间的个性，就存在着相互影响的关系。

家庭内部的成员，除了在个性和为人处世方面彼此之间相互影响之外，也在无意识地维系着一种奇妙的平衡关系。比如一个家庭成员生病了，那么其他家庭成员的日常生活，自然会受到一定的影响，他们或为此改变自己的生活习惯，或不得不采取一定的行动以取代生病的那一名家庭成员的位置和角色，让家庭内部重新回归到一种新的平衡中去。

白默就曾有过这样替代家庭角色的经历。白默的父亲是家中的"顶梁柱"，家中的一切开销都需要他来承担。白默的母亲身体一直不好，仅能勉强照顾好自己，再无更多精力和体力去照顾白默。

在白默上高二那年，父亲突然出了车祸，伤重住院。母亲听此消息，病情更加严重了。那一段时间，白默一下子感觉陷入了"灰色的深渊"。她需要在学校、家、医院三个地方奔波，放完学，先匆匆回家做饭，照顾母亲吃饭，自己也草草吃上几口饭，然后给在医院里的父亲送饭，以让他多吸收营养，强壮身体，早日康复。

幸运的是，白默的父亲在住了三个月的院之后，终于康复如初。而在这几个月里，白默就在一定程度上代替了父亲昔日的角色，一方面要照看身体不好的母亲，另一方面还要分出大部分的精力去照顾父亲，这样才不至于使这个陷入困境的家庭出现更大的危机，因为角色的替换和转变，白默的家庭熬过了那段最为艰苦的日子，构建了一种新的家庭平衡关系。

家庭运行关系不平衡的影响因素

当家庭内部成员试图以破坏的方式打破家庭原有的平衡关系时，自然也会影响到其他家庭成员的健康状况和幸福指数。

子涵的哥哥就是这样的一个例子。她的这位哥哥，从小就调皮捣蛋，上学后也没有多大的改变，每次学校召开家长会，子涵的父母总是被老师点名批评，这让父母为这个儿子大伤脑筋。

因为无心向学，初中毕业后，子涵的哥哥便辍学了，开始在社会上游荡。父母一开始还费心地托人给他找工作，但他的每一份工作都干不了多长时间，最后烦了索性撂挑子不干了，和社会上一些不三不四的人玩在一起，渐渐地身上的恶习也越发多了起来。

子涵的哥哥一旦缺钱，就回家向父母索要。得不到满足就大吵大闹，有一次因为索要的数目过大，他的母亲直接拒绝了。子涵的哥哥恼怒万分，竟然伸手打了母亲，父亲回来后，气得又和儿子大打出手，整个家庭都因子涵哥哥而鸡飞狗跳、不得安宁。

子涵也多次试图劝说哥哥，找一份好工作努力干，对父母也多孝顺一些。哥哥自然是听不进去，执迷不悟的他最终因为盗窃而受

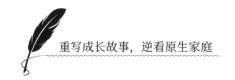

到了法律的制裁。看到儿子被判了刑，子涵的父母虽然往日里对儿子种种胡作非为的行为看不惯，可是此时仍是万分心疼，为此焦虑难眠。

在子涵所在的家庭里，她的哥哥就是制造家庭内部不平衡的主要分子，假如他能好好学习，或努力工作，依然能够让一家四口温馨的场景延续，但他亲手破坏掉了这种原有的平衡关系，不仅自身受到了法律的制裁，还连带让父母也心累心碎。

家庭内部主要成员的意外离世，也常常会影响到原有家庭关系的平衡。比如作为家中主要支撑对象的父亲的去世，在经济层面，会让家庭生活陷入一定的困境之中；在情感方面，失去了父爱的孩子们，在同龄孩子中间，也会因此变得自卑，郁郁寡欢，沉默少语。

夫妻关系的不和谐，也是影响家庭关系运行平衡的主要因素。他们的吵闹争斗，对孩子而言，是一种巨大的伤害，给他们的心理上蒙上了一层阴影。

比如有些夫妻，受到情感伤害的那一方，会将所有的爱和关注都倾注到孩子身上，在日常的言传身教中，诉说配偶带给自己和整个家庭的伤害。如果是妻子，她们潜意识里会希望自己的孩子能够在家庭生活中承担起丈夫的角色，希望孩子时刻站在自己的一边，希望孩子理解自己和丈夫之间的情感纠纷，并且感恩自己的全心付出。

在这种情况下，新的家庭平衡关系往往不会出现，因为对于孩子而言，他们很难去割舍亲情，完全站队父亲或母亲中的某一方。有时他们遭受被"亲情绑架"的巨大压力，反而会生出厌恶的情绪，干脆从家中一走了之，选择逃避的方式来躲避这种难堪和煎熬。

　　凡此种种，都是影响家庭运行关系平衡的内在因素。在一个稳定、健康的家庭内部，最佳的关系，是夫妻之间恩爱和谐，孝敬长辈，关爱子女，始终以正确的爱的教育和导向，引导家庭在良性的轨道上平稳运行。

家庭系统中付出与接受的平衡

德国心理治疗大师伯特·海宁格提出家庭系统排列概念，海宁格认为人类的家族就如天上的星系一般，都有着自身运作的关系和法则，而这些法则的组合排列，就是"爱的序位"。

海宁格的观点不难理解，一个家庭内部，由父亲、母亲和孩子构成"三角"关系，影响这一关系稳定的因素主要有三个方面：一是整体性，二是平衡性，三是次序性。其中，家庭系统中的付出和接受的平衡性更是重中之重。一旦这一平衡性被打破，将会影响到家庭内部的每一个成员。

夫妻之间的平衡

因为爱而走到一起的男女，在组建了家庭之后，维持家庭系统平

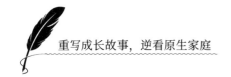

衡的重要方面，就是需要双方付出和接受的爱是平衡的，只有如此，夫妻之间的亲密关系才能维系下去，新组建的家庭也会和谐。

反之，夫妻一方付出过多，而另一方没有给予同等的回应，长此以往，伴侣之间亲密的平衡关系就会被打破。在付出者心里，他们希望能够得到另一半爱的补偿，期望没有得到回应，内心深处自然会产生失衡感。

当然，如果其中的一方付出太多，而接受的一方却难以给予同等的回报时，接受方的心理压力也会逐渐增大，并为此感到痛苦、压抑或惶恐不安，付出者即使没有过分地索取，也会让接受方因压力太大而疏远自己，从而导致家庭系统平衡关系的破坏。

在海宁格的家庭系统理论中，正面的事物，如爱的回报，需要维持平衡；同样，负面的事物，如爱的伤害，也需要一种微妙的平衡来维系。如果一方伤害了另一方，在被伤害者的心里，就会产生被补偿的需求，只有当被补偿的部分可以抵消被伤害的情绪时，才有利于伴侣之间稳定关系的调整，否则就会受到影响。如果长期得不到补偿，家庭系统的平衡和稳定也就荡然无存了。

海莉是一位年轻漂亮的女孩子，少不更事的她，在刚踏入社会时，就被一名男子的花言巧语所迷惑，她不顾父母的强烈反对，毅然嫁给了她眼中这位"最爱"自己的男子。

等到两人结婚之后，昔日的恋人、今日的丈夫才露出了原形。对方不务正业，游手好闲，根本无力给家里提供经济支持，一切家庭开支都需要海莉独自上班支撑。偶尔丈夫赚到了一些小钱，就开始呼朋唤友，大吃海喝，家庭生活一地鸡毛。

两人的孩子一周岁时，因为生活费用的问题，忍无可忍的海莉第一次和丈夫爆发了激烈的争吵，暴脾气的丈夫，甚至对海莉实施了一次狠狠的家暴。虽然以前也有小吵小闹，但海莉为顾全家庭，一直选择隐忍，这一次，丈夫的行为彻底伤透了海莉的心。

在痛定思痛之后，海莉最终选择和丈夫离婚。争吵了大半年，等离婚手续终于办下来之后，海莉有一种彻底解脱的感觉。她突然明白：曾经的自己，是多么幼稚和天真，原以为只要有足够的爱，她可以让丈夫改掉自身种种不良的习性，在这种错误观念的误导下，她用心去维系这个家庭的稳定，时时处处去迁就对方，甚至不惜因此和父母决裂，她的执拗和迷离，给自己带来的却是累累伤痕，最后不得不带着一身伤痛，结束了这段不堪回首的婚姻生活。

海莉的人生经历告诉我们，在一个家庭中，尤其是夫妻之间，付出和接受不能维持平衡，婚姻关系自然不会持续多久。需要明白的是，一味地隐忍难以维系感情，也不足以保持家庭运行系统的稳定。

父母与孩子以及兄弟姐妹之间的平衡

夫妻之外，父母和孩子之间微妙的平衡关系，则是家庭系统平衡体系中一种奇特的稳定关系。

大多数父母为了孩子可以毫无保留地付出，不去计较其中需要花费多大的代价。而作为孩子，他们主动或被动接受来自父母的爱与呵护。即使随着孩子年龄的增大，来自父母爱的付出可能会减少，但很难完全消除。

最简单的一个方面，父母可以给孩子以生命，让他们诞生在这个世间；然而孩子却不能给父母以生命，这种不对等的差异性，恰恰是家庭内部亲子关系中不平衡的典型体现。

不过值得欣慰的是，虽然来自父母爱的付出存在不对等和差异性，但这种差异性，可以通过其他方式来弥补。比如父母虽然给了孩子以生命，可是在另一方面，父母曾经也是一个孩子，他们从自己的父辈和祖辈那里得到的爱，如今又通过生命繁衍的方式，传递到了下一代，从家庭内部长远发展看，系统运行依然维持一个稳定的平衡。

还有一种家庭系统内部付出和接受的平衡比较特殊。在家庭成员之间，如果一名家庭成员为维护家庭利益，做出了重大贡献，或做出重大牺牲，他本人没有从中获得相应的收益时，其他家庭成员一般会为此付出一定的利益，让对方获得物质或精神补偿。

林东是家中的长子，父母体弱多病，下面还有弟弟妹妹。深知家庭艰难的他，为维持生计，照顾一家老小的生活，早早就辍学打工。没有知识和文化的他，辗转各个工地，吃尽了苦头，以至于到了而立之年，婚姻大事依旧没有着落。

不过令他欣慰的是，在他的打工维持下，弟弟妹妹都非常争气，上了好的大学，毕业后也各自有了好的工作。对于他这位长兄，弟弟妹妹的内心也充满了感激之情，每次发薪水，都会把收入的一大部分拿回家去，一方面让哥哥不再那么操劳，可以有多余的钱来养家；另一方面，也希望以此来改变家庭的经济状况，让哥哥能早日结婚生子。面对来自弟弟妹妹懂事贴心的关爱，林东自然也是高兴万分，多年的付出终于有了回报，曾经的各种甘苦，他认为值了。

案例中的林东，就是为家庭生计做出了重大牺牲的。因为有弟弟妹妹的回报，他们的家庭依旧充满亲情的温馨，维系着原有系统的稳定。

由此可见，付出与接受的平衡态，不仅在社会人际交往中会得到充分的体现，在任何一个家庭内部，也遵循着这样一个平衡关系。如果对这一现象做一个形象比喻的话，家庭内部的付出和接受平衡关系，就像是一种"能量守恒"法则的体现。在爱和关怀下所付出的能量，自然也遵循着守恒的法则。以亲子关系为例，孩子从父母那里受到了什么样的教育，经历了什么样的家庭成长环境，他们大概率地会将这种从原生家庭中汲取到的"能量"以同样的方式传递给自己的下一代。

正如一个品行正直的父亲，他教导儿子要踏踏实实做事，堂堂正正做人，时刻以磊落光明的男子汉为严格标准，成为一个受人尊敬的人。在这种家庭环境下教育出来的孩子，他们的身上，往往也带有刚正的气质，做人做事正大光明。如此优良的家风，一代代地传承下去，延续着家庭的"正能量"。

【家庭日记】

原生家庭，对一个人的人生成长，往往有着重要的影响，这种影响或正面，或负面，但无论如何，人们都不能否认原生家庭生活环境对家庭成员性情和品行的影响。因此，不管是认识自身的家族谱系，还是懂得家庭内部付出和接受之间的平衡法则，都需要人们通过努力，去构建一个稳定、和谐、牢固的家庭运行关系。

第二章

爱与不爱，
源自原生家庭的伤痛

家，是每一个人眼中幸福的存在，它可以让我们从中感受到温馨的氛围，给予我们爱和安全感，同时也是我们疲惫心灵的栖息地。然而，在这个世界上，没有百分百的完美，对于原生家庭而言也是如此，每一个原生家庭，并不都是完美无缺的，在爱与关怀之外，有时它还会带给我们或多或少的伤害，这也使得生活在其中的每一个个体，因原生家庭带来的伤痛，而在爱和不爱之间纠结矛盾着。

是爱，还是无法承受之重

是爱是伤？

奥地利心理学家阿德勒曾有这样一句有关原生家庭的名言："幸运的人用童年治愈一生，不幸的人用一生治愈童年。"

阿德勒的话语，道出了原生家庭对我们每一个个体所带来的重要影响。也许有人会心生疑问：为什么原生家庭对一个人的影响如此巨大？如果说是支离破碎的原生家庭还好理解，在这种教育环境下成长起来的孩子，心理上会阴影重重，敏感自卑；但明明是外人眼中温馨和睦的原生家庭，身在其中的子女，又为何有了严重的心理创伤呢？

其实对于大多数原生家庭而言，父母对子女，可以说是全身心地付出。从孩子呱呱坠地的那一天起，他们便倾注了自己全部的心血。孩子的第一声啼哭，孩子第一次生病，孩子第一次蹒跚学习走路，身为父母无不呵护备至，生怕自己的孩子受到哪怕一丁点的伤害。

即使孩子渐渐长大，他们的学习工作，也是父母最为操心的地方。为让孩子进一个好的学校，上一个好的辅导班，考上一所理想的大学，父母不惜付出大量的时间、精力以及金钱，目的只有一个：希望自己的孩子能够"成龙成凤"，成为社会精英。

在父母这些或明或暗的付出行为中，人们看到的是满满的爱意。也可以说，普天之下，父母的爱最慷慨，也最无私。

但问题是，有一些父母，虽然对孩子的学习、生活等各个方面照顾得无微不至，然而他们的方式或方法存在着这样或那样的问题，从而使得这种爱带有一种"控制欲"，背后是父母超高的期待。生活在"控制欲"阴影下的孩子，一旦满足不了父母过高的要求，心理就可能会遭受重大创伤。

很多时候，我们都有这样的心路历程："我们不想让父母感到难过，然而自己为此却无比难讨；我们不想自己没按照父母的要求做好，然而不管怎样也终究没做好。"

苏宇的家庭，是中国千千万万原生家庭中极为普通的一个。苏宇的父亲是公司员工，每天风里来，雨里去，为维持这个家庭的生计而奔波不停；母亲没有什么文化，偶尔去外面找一些简单的零工做，以贴补家用。

或许是吃了没有文化的亏，认识到了知识的重要性，从苏宇上学时候起，母亲便对他寄予了很高的期望。家中的一切杂务，哪怕是简单的拖地、洗碗等小事，母亲都不让苏宇参与，她总是对苏宇说："孩子，要好好读书，将来考上好的大学，找一份好工作，妈妈的心里面就踏实满足了。"

一开始，苏宇也不负母亲的期望，在学习上非常用功。从小学到初中，几乎都名列前茅。等到他上了高中之后，学业上的繁重，让苏宇渐渐感到有些吃不消。尤其到了高中二年级，苏宇的学习成绩，从班级前十名，下滑到班级中等。

虽然苏宇上的是市里的重点高中，不过根据苏宇当时的学习状况，想要考上重点大学，显然有些不现实。每次学校测试结束，面对母亲期盼的目光，苏宇在汇报自己学习成绩的时候，总是惭愧得满脸通红。

一次、两次……看着儿子名次逐渐下滑的母亲，变得越发焦虑不安起来，她所承受的压力，在某种程度上甚至超过了苏宇。每天早上，苏宇的母亲天不亮就起床，一方面督促苏宇赶快学习，另一方面想方设法为苏宇准备可口的饭菜。

母亲越是这样，苏宇的心理压力就越大。高三的时候，苏宇为缓解压力，逐渐迷上了网络游戏，学习成绩更是一落千丈。

看到儿子这样不争气、不上进，母亲压抑的情绪终于爆发了，在一次母子沟通时，她歇斯底里地冲着儿子大喊："我和你爸爸舍不得吃，舍不得穿，什么都给你提供最好的，我没有文化，起早贪黑地干活做家务，也都是为了你，为了这个家！如果你好好学习，哪怕是我们把房子卖了供你继续读研读博，我们都愿意，可是现在你看看你自己，这样不懂事，真是让我伤心！"

母亲的话语像针一般，刺痛着苏宇的内心。但与此同时，苏宇内心深处的反叛力量更加难以抑制了，他直面回应母亲说："我也知道你们这样做是为了我好，可是我实在是受不了，你们越是对我好，我就越有心理压力，感觉做错一点，都对不起你们的付出，再这样下去，我想我会疯掉的。"

苏宇的话语，也让他的妈妈震惊万分。想不到把一腔爱都给了儿

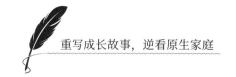

子，反而让儿子几乎要走到崩溃的边缘，她想不通的是，自己究竟错在哪里了呢？

从苏宇的案例中不难看出，身为父母，为了孩子过度地牺牲自我，想着去设计或规划孩子的一生，并不可取。要知道这样爱的牺牲，带给孩子的往往是压抑的委屈，他们唯恐自己落后，担心辜负了父母的期望，背负着沉重心理负担的孩子并不觉得幸福，甚至会因此产生心理疾病。

☯ 摆脱"控制式"的教育方式

我们身边有很多这样的例子：有些父母为了孩子，从中学开始陪读，换来的却是孩子无声的叛逆；有的父母掏空了家底，期望孩子有一个好的发展，谁知却事与愿违，孩子走上了一条不被他们喜欢的道路。

在现实生活中，中国家庭的很多父母，嘴边经常唠叨的一句话就是："我们这样做，千辛万苦，还不都是为了你？为什么你就不能将心比心，好好努力，也算是体谅、心疼一下我们呀！"

说着这样的话的父母似乎显得很伟大、很无私，但是以"牺牲"为基础的"控制式"教育方式，并没有给孩子的人生成长带来多大的益处，甚至让他们失去了为自己的人生自由做选择的快乐，因为孩子们慢慢会知道，父母这种巨大的期望背后，是希望他们昔日的付出，能够得到相应的补偿和回报。所以在父母眼中的爱，其实反而是孩子内心深处无法承受的重压。他们渴望摆脱，渴望自由，渴望有自我的选择，正如《无声告白》中所说的那样："我们终此一生，都是要摆脱他人的期待，找到真正的自己。"

也许我们曾经为此焦虑，为此忧愁过，如何才能摆脱来自父母的"控制式"教育呢？

首先，多和父母沟通交流。

交流时，告诉他们我们内心真实的想法和感受，彼此都学会换位思考，站在对方的角度思考问题，以此取得父母情感上的认同和支持。我们需要明白的是，吵架和沉默以对，无助于问题的根本解决，只能增加和父母感情上的裂痕。

其次，巧打"感情牌"。

父母的"控制式"教育令人倍感压抑，逆反和对抗不是解决问题的最佳方法。有时我们不妨用真情去"软化"父母坚硬的态度，让他们明白自身所认为的"良苦用心"，其实对子女是一种深深的伤害。

最后，让自己快速成熟起来。

父母习惯"控制"子女的主要原因之一，在于他们认为子女还是孩子，需要他们去包办一切。当我们表现得成熟起来后，做事有主见，遇事有办法，他们感到放心了，对我们的控制力度自然也会弱化了。

无法逾越的家庭规则

家庭规则的分类

每一个家庭，都由一定的家庭成员组成。而生活在其中的家庭成员，在家庭内部的关系运行上，应遵循一定的规则。

规则是一个带有半约束性、高度认同性的词语，它要求人们按照一定的方式和方法处理问题，明白什么是被允许的，什么是被禁止的，并在这一基础上，最终达到一定的效果或预期。

具体到家庭内部运行关系上所应遵循的规则，又可以被分为"显规则"和"隐规则"两大类。"显规则"很好理解，日常生活中这样的例子也不胜枚举。比如父母要求孩子吃饭的时候不要发出声音，要有礼貌和涵养；客人来了懂得谈吐举止的得体性；在其他家庭成员看书学习的时候，不要制造噪音去影响他们；等等。

显而易见的是，家庭规则的"显规则"，是容易被一个家庭内部所

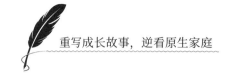

有成员遵守的，大多数家庭成员对此也不会提出太大的异议，有时即使偶尔有小小的违反，也无伤大雅。

但"隐规则"就不同了。家庭内部的成员，虽然都知道"隐规则"的存在，但这一规则不允许受到任何的质疑，并要求克制自我的情绪强行遵守。

比如有些家风严格的家庭，要求家中的男孩子不能有懦弱、恐惧的情绪流露，否则就会被视作不合格的家庭成员。如果因为一件事情而哭鼻子，大人就会嘲笑他："你的男子汉气概哪里去了？遇到这样的一点小事就哭鼻子，长大成人后，怎么能够成就一番大事业呢？"

和家庭规则下的"显规则"相比，"隐规则"更具有约束性和强制性，要求也更高。但无论是哪种家庭规则，都是为了协调家庭内部各成员之间的关系，内在地规范着他们彼此的交往方式。可以想象的是，在这些规则的约束之下，如果各成员能较好地遵守，家庭内部的关系也就变得和谐稳定，处于一个平衡的良性状态。

🌀 孩子眼中的家庭规则

比较有意思的是，家庭运行关系的规则确定之后，不仅原有的家庭成员需要遵守，即使是新加入的家庭成员，也要在日常生活中慢慢学习掌握，最终了解并向这些规则"妥协"。

这里新加入的家庭成员，主要是子女这一夫妻爱情的结晶。那么处于童年期的孩子，又是如何了解并遵守家庭运行关系的规则的呢？

对于孩子而言，他们了解这些规则的方式主要有两个：一个是在他们有意无意中破坏了这些规则之后，内心深处会产生莫名的焦虑感；另一个是当父母感觉到孩子们不能很好地遵守家庭运行关系规则后，会产生一种焦虑的情绪，而且这种焦虑能被孩子们敏锐地捕捉到。

举一个很简单的例子。当孩子看到好玩、有趣的玩具时，会恳求父母帮他们购买。大多数时候，父母会满足孩子小小的心愿。不过有时父母感觉花钱浪费，或者是认为没有这种必要，就会对孩子说："赶快走，家里这种玩具咱们多的是，再不听话，就把你丢在这里。"

在这里，父母使用了一种"丢掉孩子"的威胁。对于大多数孩子来说，小小年纪的他们，离不开父母的照顾抚育，也害怕遇到坏人，那样就不能和父母朝夕相处了。因此，面对家长做出的这种威胁，虽然对心爱的玩具万般不舍，但几经思索选择，最后还只得采取妥协的方式，乖乖地跟随父母回家。

这就是家庭运行关系各类规则的威力所在。孩子想要破坏规则，就必须考虑面临被父母"遗弃"的潜在危险，内心充满焦虑的他们，只能隐藏或压抑自我的喜好，试着去遵守家庭内部的这些规则。

还有些孩子，非常善于"察言观色"，能够及时感受到自身破坏家庭内部运行规则之后，父母身上所透露出的焦虑情绪。比如玩具的价格很贵，孩子也明白家庭的处境，父母手头不富裕，平时也不太舍得花钱。因此，即使此时父母没有对他们说出威胁的话语，但从父母的脸色或犹豫的动作上，他们就能看出"端倪"，然后就会懂事地主动说"不要"。

其实在很多时候，孩子对外界细微变化的"敏感度"相当强，对父母焦虑情绪的辨识度非常高。尽管父母不明说，然而从他们脸上种种的神情变化中，孩子会明白自己的行为影响了大人的心情。每当这个时候，那些生性敏感的孩子们就会因此感到不安和难过。

可以预见的是，如果多次出现这样的局面之后，孩子们就会主动适应家庭内部的规则，当他们再遇到自己心爱却很难拿到手的东西时，会选择远远地避开，"视而不见"是最好的办法，不再为此"纠缠不休"，以至于让父母因此而难堪了。

无法言说的孤独，源自父母不懂你

孩子为什么会孤独

对于每一个孩子来说，在家庭内部，最亲的人，莫过于自己的父母了。然而在很多时候，遭受过原生家庭情感伤痛的人们，在回忆他们的童年过往时，常会有这样的一种认知：虽然父母是他们最亲近的人，关心着自己衣食住行各个方面的生活琐事，但在自我成长的人生历程中，父母并没有真正懂得他们的情感需求，不明白他们内心最真的渴望，更从未试图去理解他们最真实的想法。

这样一来，会造成怎样的一个后果呢？父母不懂孩子，会造成孩子情感上的孤独感，久而久之，孩子会有意无意疏远自己的原生家庭，切割和父母之间的亲子关系。

也许父母并不认可这样的一种说辞，甚至还会振振有词地反驳

说："我们的孩子，是一个什么样的人，难道我们作为他们的亲生父母还不清楚吗？竭尽所能地给予他们最好的生活和学习条件，陪伴他们，关心他们，他们还有什么好孤独难过的呢？"

在现实生活中，抱着这样的态度和看法的父母不在少数。在孩子面对"情感荒漠"急需得到理解和安慰时，他们常会说："我们所做的一切，都是为了你好，不要天天闹情绪，行不行？"

或者会说："小小的感冒，就想着请假不上学？肯定是不想学习了，你的小心思作为父母还不清楚？"

即使自己的孩子长大成人，需要更多自由的空间和人生选择时，他们依旧用训斥的口吻说："看看你都老大不小了，怎么还不抓紧谈恋爱结婚？再过几年，我看谁还愿意和你谈恋爱？是不是准备一辈子不结婚？"

相信很多人都有类似的成长经历，说教和批评是父母常用的教育方式，这些父母为了能够让孩子出人头地，试图按照自己的模式和认知去干涉他们、控制他们，至于孩子情感上的问题，完全可以忽略。

但他们从未想过：不能理解孩子，不明白孩子真正需要什么，这样的一个原生家庭氛围，会对孩子的人生成长造成多大的伤害。

曾有一位留美硕士，从北大毕业后，远赴重洋，就此开始，在长达十二年的时间里，拒绝和父母联系。当人们质疑他这样做的动机，质疑他是一名不孝之子时，这位留美硕士道出了自己的心酸历程。

原来从他上小学起，他的一切便都由父母做主，"自我的个体"在父母眼中几乎完全消失了。即使他学业优秀，考上了北京大学，可是父母还是试图通过他的同学，来监督他在学校的一举一动。

倍感窒息的他，借着留美的机会，狠下心来切断了和父母的联系，宁愿在业余时间兼职打工，赚取学费，也不愿和父母有任何来往。在他眼中，他在他的原生家庭里没有自由和自我，曾经他表面上的快乐，都是伪装出来的。尽管他也知道，父母这样做，是为了他好，也一直用心爱着他，然而却从未真正从情感方面去关心他、呵护他。

类似的事例还有很多，晓晨是这众多事例中的另一名主人公。晓晨记忆中最深刻的一件事情，发生在他上小学期间。当时班上的一位学生丢失了十几块零花钱，而这位学生，平日里和晓晨的关系不和睦。由此对方推导出一个很简单的逻辑：晓晨为了报复他，故意偷走了他的零花钱。

对方很快就将丢钱的事情和猜疑的结果告诉了老师。老师将晓晨的母亲喊到学校。晓晨的母亲到来后，赶忙向老师道歉，并积极主动答应赔偿那名学生丢失的钱款。

晓晨尝试着为自己辩解，却遭到了母亲的阻止。在母亲看来，息事宁人，主动赔偿对方，是最佳的解决办法。可是在晓晨这里，却感觉遭受了莫大的冤屈。明明这件事情和自己无关，为何非要让他背上一个"小偷"的黑锅呢？

因为这件事，晓晨在班级里好长时间都抬不起头。毕竟母亲赔偿了对方，在别人眼里，这就相当于变相承认是晓晨偷走了对方的零花钱，这让晓晨的自尊心受到了重大打击。

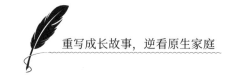

在晓晨少年时的记忆中，父母很少能够平等地和他对话，无论在家中还是在外面，发生了误会，父母也常向他投来怀疑的目光。用晓晨自己的话语来说："在不信任这件事情上，我不能原谅我的父母，为什么他们就不能心平气和地听一听我的自辩呢？"

为什么父母不懂得孩子的情感需求

上述事例的一个共性就是：因为父母不能设身处地地考虑孩子的情感需求，缺乏共情能力，所以在带给孩子情感伤害的同时，也导致了亲子关系的疏远，让孩子的童年记忆充满了"孤独感"，并进而陷入恐惧的深渊。

比如孩子和母亲上街，在公园里遇到了一位小伙伴，想要和对方玩耍，却遭到了对方的拒绝。这个时候，孩子自然会寻求妈妈的帮助，希望能够得到来自妈妈的安慰。

如果孩子的妈妈缺乏共情能力的话，可能会简单粗暴地解决问题："不要跟他玩耍了，这些淘气鬼不值得和他玩，以后你也要长点心，不要和这些淘气鬼来往。"

这样一来，在孩子的心中便会产生一种失落的情绪：明明是希望妈妈能够帮忙，却换来一顿指责。

反之，父母如果能够站在孩子的立场上，用共情思维去处理问题，能够体会找不到玩伴时孩子内心的孤独，那么将会是另外一个局面。

比如此时母亲可以和孩子一起寻找原因：为什么小朋友不和自己玩？我们可以怎么做呢？在这种教育方式下，孩子不仅能够从父母那里获得安慰和理解，同时也能学会解决问题的方法，这样对孩子的人生成长，自然是益处多多。

受原生家庭控制的人格形成

🌀 人格形成因素分析

在心理学界，有一个普遍的共识是：一个人成长之后，最终能够发展到一个什么样的人格状态，也即他的人格形成，主要由两大因素决定。其一是基因，也就是一个人与生俱来的秉性；其二是社会环境，其中包括家庭、学校、社会等方面的影响。

心理学家通过大量的案例研究分析认为，一个人的人格形成，基因的因素约占40%左右，而外界环境的因素，占据的比例则高达60%。而在这60%的环境因素中，起关键性作用的因素，则是一个人的原生家庭。换句话说，家庭环境对人们的人格形成，起着很大的影响和制约作用。

家庭环境中人们人格形成的影响因子，有父母的文化素养、言行举止以及家庭内部各个成员之间的关系等要素，个人人格与其家庭环

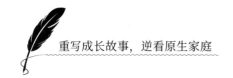

境有着密不可分的联系。也正因此，人们才会经常说"父母是孩子的第一任老师""有其父必有其子"……

原生家庭是怎样影响我们的

一个人的人格形成，家庭环境因素占据了很大的比例，那么在实际生活中，原生家庭又是通过哪些方式来影响我们待人接物的呢？

一、父母双方相处的方式

从孩童时代起，在家庭生活中，父母的一举一动、一言一语，都在潜移默化地对孩子们产生这样或那样的影响，进而促成他们人格的形成。

那些父母恩爱、相敬如宾的原生家庭，会给子女的人格形成带来积极正面的引导。在这种家庭氛围下长大的子女，性格都比较开朗活泼，对广阔的世界和美好的未来充满期待，他们乐观自信，待人接物优雅大方，自己在长大成人、组建新的家庭后，夫妻关系也大多比较和睦融洽。

反观那些极易爆发激烈争吵的原生家庭中的父母，在他们的影响下，子女会沾染诸多负面的情绪，在人格表现上多为暴躁、易怒，稍微有不顺心的事情发生就悲观失望，抗压能力弱。他们日后新组建的家庭，也往往带有原生家庭的烙印，动不动就会选择以争吵来解决问题，而不是心平气和地面对所遇到的矛盾和纠纷。

二、父母对孩子的态度和方式

一个快乐温馨的原生家庭，这种和谐的氛围，会让孩子的身心都受到愉悦的熏陶，对他们阳光、自信的人格养成，会有莫大的益处。在他们的人生成长过程中，他们也总会愿意去帮助身边的人，遇到困难时能够拥有积极的心态。

但在一些原生家庭中，父母对待子女的态度非常不可取。孩子做错事情的时候，他们不是去安慰开导，帮助他们分析产生错误的原因，而是恶语相向，或者是采取体罚的极端方式，以此让孩子顺服。

还有一种情况就是，父母对孩子身体或智力上的缺陷采取歧视的态度。比如孩子反应的速度比同龄人慢一些，或者是身材较为肥胖、矮小，父母不能协助孩子树立对自我正确的认知，反而像外人一样，时不时拿这些生理上的缺陷来嘲笑孩子。要知道父母的目光、言语，是孩子最为在意的地方，连自己的亲生父母都看不起自己，他们内心的失落感可想而知，由此产生了极度自卑、敏感的人格特征，外界哪怕一点异样的目光，也会让他们产生高度的激烈反应。

从小就不被父母友好平等相待的子女，天长日久，他们的内心也会发生扭曲，在这样的一个基础上，人格养成也逐步向令人遗憾的方向发展下去。因为在这些孩子们看来，来自父母的强势压制或蔑视，会让他们误以为外面的世界是不安全的，想要让自己免受更多的伤害，只能选择更为强势的反抗才能够更好地生存下去。

比如在对待身边的人和事物时，哪怕是轻微的矛盾纠纷发生，他们也会勃然大怒，或大吼大叫，或挥拳相向，迷信强硬暴力解决问题的手段。在为人处世上，他们也常以自我为中心，自私自利，不顾他人的感受，也从不会换位思考，性格极端偏激。这样的一个人格特征，

自然也会影响他们新组建家庭的婚姻关系，大多以不幸收场。

总的来说，在一个原生家庭中，父母不当的言行举止，会对孩子的人格形成造成较为深远的影响，也会在很大程度上，影响他们人生观、价值观以及世界观的定型，而孩子也会将幼年时期原生家庭父母情感关系的负面影响带入新的家庭生活中去。

而夫妻关系融洽恩爱的父母，他们在关心孩子人生成长的基础上，还给予孩子以正确的人生指导，从而使得孩子的身心发育和人格塑造得以健全。这些以爱滋养的孩子自然会养成良好的人格特质，他们的人生之路，也自然更加稳健从容。

遭遇创伤后的我们

🌀 身体和心理的创伤有哪些

　　家庭治疗师维吉尼亚·萨提亚有这样一句名言："一个人和他的原生家庭之间一直有着千丝万缕的联系，而这种联系，对一个人的一生，都将带来深远的影响，甚而会陪伴他到生命的尽头。"

　　萨提亚的话语，指出了原生家庭对一个人人生的重要影响。影响有正面和负面两种，正面的影响，有益于孩子的人生发展，而负面的影响与创伤，会导致孩子们不健全人格的形成。

　　负面影响造成的创伤，主要是指我们童年时期所遭受的身体或心理创伤。身体创伤主要是指孩子所遭遇的种种体罚行为；心理创伤则是来自于父母的责骂和羞辱，以及亲人的去世、父母的离异、大人的情感"勒索"等。其中，以遭受原生家庭的心理创伤尤为严重。

比如心理创伤中的情感"勒索"。有的父母并不认为养育子女是参与一个生命的成长，而是将其作为一种"投资"来看待。在日常生活中，有些父母就经常对孩子说这样的话语："爸爸妈妈千辛万苦将你抚养成人，现在你生活好了，有了自己的家庭，怎么就不知道感恩和回报呢？""当年要不是为了你，也许我早就和你妈妈离婚了，为了给你一个稳定的家，我付出了那么多，如今到了你该回报我的时候了。"

这些情感"勒索"方面的心理创伤，会让长大成人的孩子心生负罪感，被动地接受这份"恩情"，不管当初父母的做法正确与否，是否是真正付出了，他们都要竭尽所能地为这个家庭做出一定的牺牲，即使是他们新组建了家庭，而对最初的原生家庭必须要尽到回报的义务。

又如有些父母感情不睦，常当着孩子的面吵架。孩子耳濡目染之后，在他们以后的婚姻生活中，也会带有原生家庭的"痕迹"，遇到问题不是和平协商，而是和另一半争吵不休，虽然他们也明知这样做不对，然而却很难让自己保持冷静以控制好自身易怒暴躁的情绪。

需要人们注意的是，孩子们所遭遇的心理创伤不同，在感知和抗压方面的表现也不尽相同。其中的原因，就在于在不同的原生家庭里面，每个孩子的抗压能力存在着差异。那些心理相对比较健全的孩子，他们的抗压能力强，生性皮实活泼，在受到父母不公正的对待后，很快能够从苦闷、失落的状态中解脱出来，继续无忧无虑地玩耍生活。

相反，抗压能力弱的孩子，生性敏感多疑的他们，在父母带给他们心理创伤的阴影中，常常难以良好自愈，逐渐变得郁郁寡欢起来。这种心理阴影，甚至一直伴随着他们成年，影响到他们生活的各个方面，还有可能导致"社交恐惧症"。

如何治愈我们的创伤

身体方面的创伤，如种种肉体方面的虐待，有时能不治而愈，有时也还可以通过后期的药物治疗来缓解；但来自心理方面的创伤，治愈起来就不是那么简单了。

在实际生活中，很多饱受原生家庭心理创伤的孩子，他们在成人之后，最为显著的一个特征，就是往往不具备健全的人格。没有健全的人格，对他们的婚姻、生活和工作，都会带来严重的影响，如果不能及早化解，将会导致他们出现人格障碍的悲剧，困扰其终生。那么遭受心理创伤的我们，又该如何及时化解这份来自童年记忆中的伤痛呢？

一方面，我们应当接受深层次的心理治疗，通过一定的心理治疗，去回溯过往，正视过去，以积极的态度正确认知童年时期带给我们的心理伤害。

我们需要认识到的是，在原生家庭里面，父母的教育方式、父母和子女的相处之道，是人类历史上的一个永恒的话题。我们的父辈，在处理和子女的关系上，因为认知上的不足，确实存在着诸多的不足和错误，甚而当他们以自己惯有的方式来教育子女时，在内心深处，并未意识到自身的言行举止是错误的，因为他们所接受的教育方式，也来自上一代的传承。我们所需要做的，就是要摆脱曾经原生家庭带给自我的心理创伤，淡化原生家庭各种负面的印记，不让我们的子女再去承受这份创伤的伤害。

另一方面，转移注意力，打造自身走出伤痛的能力。昨日之日不可留，过去的一切不愉快的回忆，要尽快将其忘记。那些一味沉浸在儿时痛苦中的人们，只能让痛苦陪伴自己的一生，在痛苦、愧疚的同时，也伤害了身边的其他人，试想，这样做又有什么意义呢？

所以，最为关键的就是要学会走出原生家庭带给我们的伤痛阴影，降低创伤对我们人生道路造成的障碍，驱除阴霾，获得新生。

【家庭日记】

从呱呱坠地的那一天起，几乎每一个人都生活在一个特定的原生家庭里面。原生家庭的好与坏，是否有一对合格的父母，都会对孩子的人生成长带来不可忽视的影响。也许我们曾遭受过父母的冷暴力，在家庭生活中缺乏融洽的亲子关系，遇到了一个给我们带来各种心理创伤的原生家庭，要知道，最好的解决办法，就是要学会去勇敢面对，并用自己的实际行动和努力，试着去做一些改变，努力自我治愈，并且不让悲剧在下一代的身上重演。

第三章

养育环境，
影响孩子一生的因素

在《荀子·劝学》一篇中，有这样一句名言：
"蓬生麻中，不扶而直；白沙在涅，与之俱黑。"这
句话的意思是说，蓬草生长在麻地里，不用刻意扶
持，也能自然而然地直立生长；同样，白沙混进了
黑颜色的土里，便和黑土一样黑了。

荀子在这里告诉我们，外部环境对自然万物有
着强大的影响力，甚至可以改变事物原来的性质。
相同的道理，在原生家庭中，养育环境的好坏，也
在很大程度上影响孩子的一生。

乖孩子的养成，可能是因为
受到了原生家庭的伤害

🌀 乖孩子

　　"乖孩子"性情文静，做事安安分分，自然更容易亲近。但实际上，除了天性喜爱安静的孩子之外，在原生家庭中，还有一类被我们所忽视的"乖孩子"，他们所表现出来的懂事乖巧其实是受到了原生家庭的伤害。

　　林墨是朋友眼中帅气的男子，身材修长，名牌大学毕业，还拥有一份令人羡慕的好工作，家庭经济条件更不必说，自小就家境优越。纵然如此，将近三十岁的他却一直没有心仪的对象。他喜欢的女孩，在和他接触了一段时间之后，纷纷离他而去，其中的原因是什么呢？

　　原来，林墨自身的各项条件虽然都非常不错，可他是一个超级

"妈宝男"，什么事情都听妈妈的，没有一点自己的主见。有时去外面约会吃饭，林墨还要征询一下父母的意见，晚上十点之前必须回家。

这样的林墨，实在难以让个性张扬的新时代女性产生更多好感。因此在初步接触之后，她们都选择远离。

对于自己单身的现状，林墨也苦恼万分。有时即使他遇到了心仪的女生，但带回家面见了父母之后，母亲也会提出各种反对意见，林墨却不敢有丝毫的反抗，最终选择听从父母的意见，这样导致他一次次和心仪的对象分手。

一个七尺男儿，为何成了"妈宝男"型的"乖孩子"呢？这自然和林墨的原生家庭有关。

林墨自小家境优渥，备受宠爱，他强势的父母喜欢安排和控制他的一切。从小到大，无论大事小事，只有父母同意了，林墨才能去做。如果违背了父母的意愿，等待他的将是严厉的责罚。

有了父母的庇护，林墨一路顺风顺水，大学毕业之后，他想要去上海闯荡一番，但父亲坚决不同意，并通过关系将林墨安排进了一家企业。在父母心中，林墨有一份稳定的工作比什么都强，他们也不需要林墨为了家庭而去奋斗，只要他安安稳稳就行。

已经成人的林墨越来越明显地感受到父母的控制带给他的压抑，他想要抗争，想要有自己自由的生活空间，但此时已经年过六十的父母动不动就和他哭闹，特别是母亲，一哭闹就让林墨无所适从，最终不得不服软。

从案例中不难看出，林墨直到此时，依旧是人们眼中的"乖孩子"，一切听从父母的安排，按时上班，按时下班，生活四平八稳。然而，身在其中的林墨却为此苦恼万分。

乖孩子的伤痛

　　林墨并非个例。在很多原生家庭里面，父母如果过度地管控孩子，或者是共情能力不足，就容易忽略孩子内心深处的情感需求。而作为孩子，在父母"严厉管教"下，也会逐渐学会隐藏自我真正的心理需求与愿望。

　　比如父母过度地去掌控孩子的一切，不让他们有自由表达和选择的权利，久而久之，孩子就会习以为常，并且想方设法讨取父母的欢心，因为他们深知，既然反抗无效，还不如乖乖地顺从父母的意愿与要求，至少这样可以让父母满意。如此一来，被父母所掌控的孩子，便成了人们眼中的"乖孩子"，听话懂事，乖巧温顺。

　　学会了乖巧，养成了"逆来顺受"的温和性格，也换来了父母以及身边人的称赞，但这些"乖孩子"也为此付出了相应的代价，比如失去了表达自我主张的机会，不能充分宣泄内心愤怒的情绪。表面上是人们眼中的"乖孩子"，内心深处实则潜藏着一个憋屈的灵魂：是抗争还是顺从？在这种精神内耗之下，他们身心俱疲，无所适从。

　　千万不要小看了愤怒这一情绪在人生命中的重要意义。一个人不能愤怒，不会愤怒，在遇到不合理、不公正的对待时不敢愤怒，他们就失去了奋起反击的底气和勇气。如果人生处于顺境之中，隐藏的矛盾暂时还未完全暴露；倘若在遭受欺凌和羞辱时，已经失去反抗意识的"乖孩子"就只能含着眼泪"肚里咽"，并在心里一遍一遍地告诉自己："我不能反抗"，"我要控制自己的怒火"，"我绝不能做出出格的事情"。这样一来，逆来顺受的"乖孩子"，不仅不能悍卫自己的权利，反而会成为软弱可欺的靶子。

长此以往，这些"乖孩子"习惯于被掌控、被代表，逐渐丧失了表达自己意愿的勇气，很容易将他人当成自己生活的主导者，明明是自己的人生，却又不完全属于自己。

性情温顺不是错，但过于软弱、没有主张的"乖孩子"如果不能勇敢地打破原生家庭带给他们的这一伤痛，终其一生都不会有独立自主、自由自在的生活，一辈子都活在压抑沉重的阴影之下。

重男轻女思想的危害有多大

父母缘何要重男轻女

　　在父权社会中，"重男轻女"的畸形思想是受到人们的认同的。女性未出嫁前，要听从父母兄长的教导，出嫁之后还要受婆家种种规则的束缚。

　　在这种思想的影响下，那些重男轻女的原生家庭会将男孩子视作传宗接代的希望和根本，家里以有男孩子为荣。如果一个家庭中只有一个或几个女孩子，没有男孩，重男轻女的人就会觉得这家"断了香火"，由此去嘲笑和讥讽这些家庭。

　　即使在今天，这种陈旧落后的观念依然根深蒂固。在重男轻女的原生家庭中，谈到为何重视男孩子而忽略女孩子的时候，他们会振振有词地说："男孩子可以承继家庭的事业，是家中的顶梁柱；女孩子长大之后要嫁人，顶门立户这些事情，根本指望不上她们。"

还有一些人因为自身的文化水平不高，终其一生也没有干出一番可以说得出口的事业，于是将希望都寄托在了下一代的男孩子身上，因而无形中就重视家族中的男丁，而对家中的女孩子则常常"视而不见"。在他们眼中，女孩子长大之后要离开这个家庭，给她们提供基本的生活需求就已经非常不错了。凡此种种，都导致了部分原生家庭中重男轻女现象的出现。

晓晓生活在农村，她是家中的老大，父母后来又生了一个男孩。

从小到大，弟弟一直是父母眼中的"宝"，而晓晓不过是可有可无的"附属品"而已。在生活上，她要处处让着弟弟，美味的食物，好看的衣物，弟弟从来都不缺，只有在逢年过节的时候，父母才会想起还有她这个女儿也需要买新衣服穿。

稍微长大一些后，如果母亲没有时间，晓晓就必须陪弟弟玩耍，并且还不能惹弟弟生气。不管什么原因，只要弟弟哭闹，父母就会将所有的错误都推到晓晓身上，认为她没有尽到好好照顾弟弟的责任，每当此时，轻则辱骂，重则责打。

高三时，学习成绩不错的晓晓差一点不能参加高考。因为在父母的眼里，她读书上学花费大，即使考上了大学，将来也只是便宜了婆家。不过在晓晓的坚持下，她还是参加了高考，并顺利地被一所重点大学录取。

从上大学开始，不愿因为学费被父母唠叨不休的她，选择了勤工俭学，靠自己完成了四年学业。然而她刚大学毕业，参加工作不足一个月，父亲便打来电话让她寄钱回家，说弟弟上高中需要学费，必须由她来负担。

不仅如此，每次空闲时间回家，晓晓的父母便在她耳边灌输这样的一个理念：我们年纪大了，赚不了多少钱了，你是姐姐，理应承担起照顾弟弟的责任。弟弟上学、结婚乃至买房子的费用，作为姐姐都要尽最大努力帮助。

父母的话语让晓晓难过万分。从外出求学到参加工作，父母很少关心她，即使她在杭州找了一份工作，但公司的名称、工作的内容，以及她在大城市里的生活状况，父母一概漠不关心。他们唯一关心的是晓晓每月挣了多少工资，除了基本的生活开支，还能够寄回家多少。

面对这样的父母，晓晓的情绪失落到了极点，甚至一度产生了抑郁的症状。她在微博中曾这样写道："原生家庭是我这辈子都挣不脱的牢笼，亲情对我来说，不过是负担的代名词而已。现在我才明白，像我这样的女孩子，长大之后是没有家的。我想要逃离，想要反抗，却又无能为力，我感觉自己都快要窒息了。"

在这种高压的思想负担下，晓晓回家的次数越来越少。尽管如此，远在千里之外的父母每当缺钱的时候，依然会不停地向晓晓索取。这一切让从来得不到半点安慰的晓晓，痛苦万分，她不知道该如何面对这份冷漠的"亲情"。

重男轻女，让孩子饱受创伤

像晓晓家这种重男轻女的父母不在少数。在这些父母眼中，女孩子只要足够温顺、能帮家里干活就行，不需要有多高的文化水平，将来找一个有钱的人家嫁过去就可以了，最好能多帮衬家里。一言以蔽之，女孩子在他们的心目中根本无足轻重，唯一值得他们重视的就是如何从女儿的身上索取到物质的回报。

重男轻女的原生家庭中饱受心理创伤的女孩子，在长大成人之后，这种心理创伤依然难以抚平，甚而因为父母的继续索取而变得严重起来。在性格上，这些女孩子大多自卑、敏感，缺乏必要的安全感，情绪压抑，常怀疑自我存在的价值。就如文中的晓晓一样，从弟弟出生的那一刻起，她就背上了沉重的负担，被迫为自己的原生家庭做出牺牲。

此外，由于深受原生家庭重男轻女观念的影响，有些逆来顺受的女孩子，也模糊地将自己看作男权的附庸，认为只有依靠男人才能顺利地生存下来。她们出嫁后，第一选择就是做家庭主妇，在新的家庭中忘我地付出。

更有甚者，因为受重男轻女不平等观念的毒害，她们在出嫁之后也不由自主地改变角色，成为新原生家庭中重男轻女思想的拥护者。她们希望自身曾经缺乏的东西，如爱、关怀和重视，通过生育男孩的方式来得到补偿。

家庭中缺失的角色

角色缺失内涵和分类

在一个完整的原生家庭中，由父亲、母亲、孩子三个角色共同构成一个坚固的"铁三角"关系。在这样的传统原生家庭中，父亲和母亲一起承担起养育家庭、教育子女的责任，孩子努力上进，三者各自扮演着自身的角色，承担着各自的义务。

但随着时代的发展，因为高强度的生活节奏，在一些原生家庭中，常出现家庭角色缺失的现象。所谓的角色缺失，指的是处于一定位置的家庭成员替代了另一位置的家庭成员，出现了角色转换的现象。简单地理解，就是一名家庭成员没有发挥应有的角色义务，其角色职责由其他家庭成员代替。

比如爸爸忙于工作，每月都要出差，很少有时间和精力与家人相处，这样一来，他原本作为父亲的角色就只能由妈妈来代替了。妈妈不仅要完成自己的工作和所有的家务，还要照顾孩子的饮食起居，督促孩子的学习，每天都围绕着孩子转，从而一人"分饰"爸爸、妈妈两个角色。这种情况就是典型的角色缺失。

在常见的家庭角色缺失现象中，有这样几种类型。一种是父亲和母亲两种角色全都缺失，另一种是父亲角色的不足或弱化。

父母两种角色全都缺失的现象在当今第一代独生子女的家庭中比较常见，除此之外，还有很多的留守家庭也是同样的状况。

第一代独生家庭的子女缺乏照顾孩子的经验，再加上快节奏、高强度的繁忙工作，使他们不得不将孩子托付给自己的父母照顾，只是在每天下班后，才能有短暂的时间和孩子互动，由此他们在原生家庭中应当扮演的父亲和母亲的角色就不是那么完整了。

留守儿童家庭的角色缺失现象更为严重。父母远在异地打工，数月或经年才和孩子团聚，孩子的养育重任，都只能由爷爷奶奶、外公外婆等更长一辈的亲属来完成。

父亲角色的不足和缺失，主要因为在现代职场上扮演父亲角色的男人们除了工作，还有各种各样的应酬，身心俱疲的他们自然就疏忽了对家庭的照顾。

母亲角色的不足和缺失，部分原因是现代扮演母亲角色的女性观念上发生了很大的变化，她们越来越看重自己的职业发展，从而忽视了对家庭的照顾。

家庭角色缺失的负面影响

　　父亲和母亲家庭角色的缺失容易导致孩子内向、敏感、自卑。对于"独一代"没有精力照顾孩子的家庭而言，父母上班之后，回家和孩子单独相处的时间并不多，彼此之间的亲子关系自然也就越发疏远了。

　　在上海工作的莉莉就是这样的一个例子。她和丈夫都是独生子女，孩子出生后，工作繁忙的他们只好将孩子托付给孩子的外公、外婆，有时出差在外，会整整一星期都不和孩子见面。就这样，孩子在外公、外婆家长到三岁才被莉莉接到自己的身边。

　　可能是和父母太过生疏了，一开始，莉莉的儿子在很长的时间内都不愿和父母过多地亲近，独处的时候还有偷偷咬手指甲的习惯。后来在心理医生的提醒下，莉莉才知道这是因为父母角色的缺失，导致孩子在重新回归原生家庭后缺乏必要的安全感，在他们小小的心灵深处会生出"爸爸、妈妈是不是不要我了，不喜欢我了"的想法。此时父母只有多陪伴、多和孩子沟通，才能逐步提升孩子的安全感和信任度。

　　而在留守儿童家庭，由于父母长达数月甚至一年的时间不能和孩子亲密相处，而孩子的爷爷奶奶一辈又没有更多的精力去好好照顾他们，因此一些留守儿童往往表现出自卑、内向的性情特征，遇到陌生人胆怯，不敢大胆地和对方交流沟通，严重者会孤僻自闭，进而导致心理疾病的产生。

不要忽视父母秉性对孩子的影响

性格，决定人生之路

人们常说"性格决定命运"。一个人命运的好与坏，未来事业发展的大与小，在很大程度上都与其性格相关。其中的道理也非常浅显：一个拥有良好性格和秉性的人，更容易和他人相处，也更能获得人们的赞赏和肯定，这就为他的事业发展铺垫了深厚的人脉基础，促使他向更高、更广阔的未来快步前进。

相反，脾气暴躁、性情乖张的人从表面上看属于"强势"的一类人，实际上，其坎坷的人生命运早已埋下了伏笔。没有人愿意和这样的一类人打交道，人人敬而远之，如此自然会使他们的人生之路越来越崎岖难行。

显而易见，性格对人一生的发展起着至关重要的作用。那么，一个人的性格特征主要受什么影响呢？

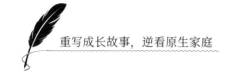
在很多人看来，人的性格特征受先天影响较大。在实际的日常生活中，人们在评价他人时常会说：他天性如此。这一句的背后，隐含着人们对性格特征的认识，他们多认为懦弱者天生懦弱，勇敢者小时候就表现出胆色过人的一面。

但事实果真如此吗？其实，一个人性格的养成，和他的父母有着莫大的关系。也可以进一步说，父母的秉性，原生家庭的环境氛围，对子女有着重要且深远的影响。

◎ 父母秉性对孩子影响的主要体现

常言道："父母是孩子的第一任老师。"这句话告诉人们，父母的言行举止、秉性特征，都会在悄然之间被孩子所模仿、学习。换句话说，有什么样的父母，就有什么样的孩子。

比如，父母生活上大手大脚，没有合理的理财规划，看见什么买什么，哪怕这件物品对他们来说毫无用处，只是图一时的新鲜，但只要看上了，即使手头紧张，也会兴致勃勃地去购买。在这些大手大脚的父母身边生活的孩子，自小耳濡目染，等到他们逐渐长大之后，大多数也会养成奢侈浪费的习惯，不懂得珍惜的道理，不明白节俭生活理念的宝贵，没有合理的花费开支计划，生活上大多数也是过得一团糟。

没有礼貌、缺乏教养的父母也是如此。家里来了客人，或者是带孩子外出，他们总是在外人面前大呼小叫，缺少基本的涵养，即使在公众场合，也常常肆无忌惮，丝毫不顾及周围人的目光，做任何事情都抱着我行我素的态度，自私自利的缺点彰显无余。

这种类型的父母教养出来的子女自然也是有样学样，深得父母"言传身教"的精髓，大多没有优雅的素养，为人处世总是以自我为中心，至于是否损害到了其他人的利益，他们并不关心，只要能够让自己的利益得到满足就可以了。更为严重的是，在这种类型的父母的熏染下，那些长大成人的孩子为了达到自己的目的常常不择手段，慢慢活成了令所有人都讨厌的存在。

同样，如果父母爱说谎，那么在这样一个原生家庭中长大的孩子也大多不诚实、不可靠。在一些父母眼中，大人说谎似乎是天经地义的事情，没有丝毫的内疚感和负罪感，殊不知他们的一言一行，都对自己的孩子产生了不可逆的负面影响。因为在孩子的眼中，既然父母都可以说谎，他们就错误地认为说谎并不是什么不道德的事情，这样一来，他也就渐渐养成了这样的品行，在说谎的道路上越走越远。

千年之前，著名的孔门弟子之一的曾子就意识到了说谎对孩子人生成长的不利影响。当他的妻子前往集市时，孩子吵闹着要一起前往，曾子的妻子就骗孩子说，从集市回来会给他杀一头猪吃，前提是孩子要乖乖地待在家里。曾子的妻子从集市上返回后，早已将承诺给孩子的话语忘在了九霄云外。或许在她看来，她只是随口说说，孩子兴许早已忘记了这件事情。曾子却不肯答应，直接将家中的一头猪杀掉，并告诉妻子，不能这样欺骗儿子，答应他的事情就一定要做到，言行如一，否则孩子长大之后便会养成撒谎成性的恶习。

也有一些父母，脾气暴躁易怒，孩子做错一件事情，哪怕这件事情微不足道，他们也会勃然大怒，对孩子大声呵斥；有时候这些父母在外面受了委屈，回到家中将孩子当作自己的"出气筒"，动不动就以暴跳如雷的态度对待孩子。他们通过这样的方式，宣泄了自己的怒火和憋屈，却不知对孩子造成了严重的伤害，让他们也逐渐养成了暴戾乖张的脾气，长大成人之后活成了他们父母昔日的模样。

除此之外，其他诸如做事拖拉、不守交通规则等等，这些事情也许在当时看起来微不足道，然而当着孩子的面屡次犯下这样的错误，试想拥有如此秉性的父母，能够教育出一个有良好习惯的孩子吗？

父母在我们心里种下的恶习的种子，会随着我们一同长大。正如美国作家苏珊·福沃德在其著作《原生家庭》中所写的那样："有毒的家庭体系，就好比是高速公路上的连环追尾，其恶劣影响会代代相传。"这句话就毫不留情地批评了一些原生家庭中"有毒"的教育理念。父母不当的言行举止和秉性深深影响了孩子的心理成长和性格塑造等各个方面，因此不得不引起人们的重视。

过高的期望只会换来孩子的逃避和反抗

父母的期望应适度

望子成龙，望女成凤，是父母的普遍心理。许多父母都希望子女学业有成，有一份令人羡慕的工作，不仅能够光宗耀祖，而且还可以实现阶层的跨越，改变家族的命运。

不少父母对子女抱有很高的期待，将自身未能实现的理想和愿望都转移在了子女身上，希望通过对孩子们严厉的管教，让他们拥有美好的人生。

不用怀疑的是，父母期望子女能够有所发展、有所成就，有一个属于自我的光辉未来，这样的心理期许是值得肯定的。为了子女能够力争上游，努力上进，对他们严格要求，时时督促他们的学习，也是可以理解的。

然而，在实际生活中，有一些父母对孩子的期望值太高了，超越

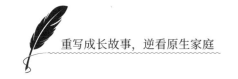
了孩子现阶段智力、能力所能达到的目标，不切实际地越过了一定合理的"度"，就犯了过犹不及的错误，不仅无助于美好期许的实现，反而会使孩子在高压之下，产生逆反和逃避心理，最终所有的愿望化为泡影。

有一位心理医生，曾接诊了一名叫齐航的高一学生，通过和对方的交谈，心理医生发现齐航患有严重的抑郁症，从他的叙述中，心理医生也得知了事情的来龙去脉。

齐航出生在一个非常普通的城市家庭，父亲、母亲文化程度不高，每日里奔波赚钱。或许是品尝到了生活的艰辛与不易，齐航的父母将所有的希望都寄托在了孩子身上。从上小学三年级开始，齐航就在母亲的安排下，成了课外各个辅导机构里面的"常客"。

课外辅导的费用是一笔不小的开支，但为了让齐航不输在起跑线上，他的母亲节衣缩食，竭尽所能地满足齐航学习上的花费。学校加上课外辅导，连轴转的长时间学习，让齐航不堪重负，虽然看似"出勤率"很高，实际上对他学业成绩的提升并没有起到太大的作用。

齐航曾多次请求父母不要为自己报太多的辅导班。一方面花费巨大，给他们的家庭带来了沉重的经济负担；另一方面自己的成绩提升不大，付出和收获不成正比。

但是齐航的父母听不进去儿子的意见，每次当齐航对课外辅导有厌倦情绪时，他们就轮番苦口婆心地劝说齐航："我们千辛万苦都是为了谁？不都是希望你好好学习，能够出人头地吗？千万别辜负了我们的期望啊！"

很快到了中考，齐航发挥一般，考上了一所普通高中，但他并没有气馁，觉得高中再努力也不迟。但他的父母为了让他有更好的学习环境，不顾他的反对，将他送到了一所重点高中。

临开学时，齐航的父母又和孩子展开了一次谈心，他们告诉齐航："孩子，你只管努力学习，家里面不用你操心，以后你上了大学，读研读博，家里都会无条件支持你，没有钱，我们就是把房子卖了也不后悔。"

父母的话语，看似鼓励，其实却让齐航背上了沉重的思想包袱。面对为了生计而憔悴的父母，他越是担心学习成绩不能提高，学习成绩就越是下滑得厉害，以至于在高一下半学期，齐航竟患上了失眠症，进而发展成抑郁症。

后来齐航抑郁症的情况非常严重，在老师的建议下，父母陪着他一起找到了心理医生。在这次交谈中，齐航多次流露出轻生厌世的念头，他告诉心理医生，再这样下去，他难以面对父母殷切的期望，精神崩溃是早晚的事情。

心理医生一面安抚齐航，一面和他的父母沟通，劝说他们不要给孩子太大的压力，他们望子成龙的心情可以理解，但不可能每一个孩子都是学霸，应当接受现实。而且一个人的人生出路有许多条，齐航还有很长的未来，相信他一定能够找到更适合自己的人生道路。

过高期望只会适得其反

齐航的事例说明了父母对孩子存有过高的期望，不仅不能帮助孩子提高学习成绩，反而还会适得其反，加重孩子的心理负担。在具体

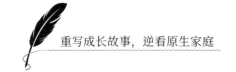

表现上，孩子心理负担的加重，也有一个递进的演变过程。

在父母的无形压力下，孩子在最初会表现出情绪紧张、不安和焦虑状态，脸上缺少快乐的神情。他们也试图暗暗给自己加压，希望能够取得更大的进步，以回报父母的付出。如果没有取得理想中的效果，他们会进一步患得患失，烦躁易怒，精神上的紧张也同时引发生理上疲劳、失眠等症状。

事与愿违的结果会导致压力进一步加大，这时孩子内心深处仅存的一点自信心就会被完全摧毁。因为为了达到父母的期望值，他们为自己设立的奋斗"标杆"永远是那样遥不可及，那么奋斗和努力还有什么意义呢？

在这种近乎绝望的心理暗示下，孩子在自信心丧失之后便会产生孤独、无助、沮丧、自卑、消沉等诸多的负面情绪，自暴自弃、厌学抑郁等心理问题就会产生了。

在这样一个中期阶段，如果父母不能及时体察孩子情绪上的变化，依然为孩子设立过高的目标，将会导致孩子激烈的反抗行为，这些被逼到"墙角"的孩子，或沉默以对，或用激烈的言辞刺激父母，导致亲子关系的恶化。

"望子成龙，望女成凤"的愿望本身没错，但父母也要保持一颗平常心，父母对子女过高的期望，脱离实际的高要求，最终会变成孩子心灵上的绞索！

【家庭日记】

家是孩子幸福的港湾，是孩子人生启航的地方，也是他们思想启蒙的第一个台阶。所以，在任何一个原生家庭中，作为孩子人生成长的第一任老师，家长一定要注意自身的言行举止，学会控制暴躁易怒的脾气秉性，破除重男轻女的封建思想残留，改正自身的种种不完美，以好的言传身教，在孩子人生发展的第一步，努力给他们营造出健康快乐、和睦温馨的家庭氛围与成长环境。

第四章

父母言行，
影响孩子的心理健康

孩子的性格是天生的吗？其实，每个人的性格特征和行为方式都与后天的生活环境有着密切的联系。尤其是父母的一言一行，对待孩子的态度方式以及教育理念，在很大程度上影响着孩子的情绪、行为和意志，是关系到孩子心理健康的根本。教育家马卡连柯曾经说过这样的话，值得每一位父母铭记："不要以为只有你们在教训孩子、命令孩子的时候才是教育，你们在生活的每时每刻，甚至你们不在场的时候，也是在教育。"

伤人的言语，给孩子心灵造成重击

父母为何爱用语言伤害孩子

"良言一句三冬暖，恶语伤人六月寒。"语言虽然无形无质，却能够给人带来巨大的影响。温情和蔼的语言，如和煦的春风一般，能够抚慰人心；讥笑嘲讽的话语，就如刺骨剜心的武器一般，伤人至深。

心理学家研究表明，处于童年期的孩子，如果常被父母施加语言暴力，心灵将会遭受巨大冲击，变得自卑和内向，进而产生社交恐惧症。

父母的不当言语为何会对孩子的心灵产生重大负面影响呢？原因在于，在孩子眼中，父母是他们最为亲近的对象，小小年纪的他们需要时时刻刻依赖父母，渴望得到父母精心的照料和爱护，但假如语言上的暴力伤害出自父母的口中，对孩子造成的心理冲击将是无比巨大

的，他们本就脆弱的心理防线也会因此趋于崩溃。

孩子是父母爱情的结晶，怎么疼也疼不够，为何还会有父母用语言来伤害孩子呢？

首先，我们要了解为什么有的父母会用语言暴力伤害孩子。这里既有父母刻意为之的现象，也有他们的无心之失。

伤害原因一：很多时候，父母常将孩子当作自我发泄压力的对象。

一些原生家庭中的父母，忙于工作，为了生计而奔波，当他们因为工作上的事情感受到了压力或挫折之后，在外面如果无法得到有效的发泄，就会将这种情绪带回家中，对孩子的行为举止稍稍有些看不顺眼，他们就会勃然大怒，将孩子当作"出气筒"，斥责怒骂便会扑面而来。

对于父母来说，骂孩子减轻了他们的心理压力，殊不知却无意中将他们的压力传导给孩子，让他们备受委屈。

伤害原因二：习惯语言暴力，是父母大家长作风带来的不良后果。

在有些父母眼中，孩子就是他们的附属品，他们自认为有随意责骂呵斥孩子的权利，而且还洋洋自得，将这种呵斥美化为"对孩子的批评教育"。当他们自认为需要教育孩子时，就会雷霆大怒，让孩子规规矩矩地站着聆听他们的"教诲"，并从中享受语言暴力带给他们的快感。

伤害原因三：希望孩子能够意识到问题的严重程度。

处于成长期的孩子，大多顽皮好动，对外界事物充满好奇心，这就不可避免地让他们在无知中犯下种种错误。比如随意开关煤气电器，缺乏安全意识；偷偷下河游泳，不知道潜在的危险。

遇到这种情况，父母常会气急败坏，担心孩子人身安全，怪孩子没有风险意识。为了让孩子明白问题的严重性，不惜对孩子大发雷霆，目的想要让孩子长记性，改掉不良的生活习惯。

伤害原因四：父母自身性情的因素，不能很好地控制个人的情绪。

有些父母为人性情急躁，脾气风风火火，哪怕一丁点的小事情，都会激发他们的怒火，让其暴跳如雷。如果孩子在他们跟前犯了错误，性情暴躁的父母便会口无遮拦地斥骂孩子，丝毫不去理会孩子是否能够接受他们这种教育方式。

语言暴力的危害

显然，父母对孩子的语言暴力既有刻意为之，也有无心之失。但无论哪一种情况，都将对孩子幼小的心灵带来巨大的冲击。其中的危害，有这样几种情形，必须引起父母的高度重视。

首先，会让孩子开始怀疑自己，否定自我。

父母长期的语言暴力会导致孩子的心理状况出现问题。面对父母的责骂，久而久之，孩子会想："我确实不是一个好孩子、乖孩子，时时处处犯错误"，"我真的是太笨了，一点都不招父母喜欢。"

凡此种种，会使得原本无忧无虑、快乐活泼的孩子慢慢变得抑郁起来，他们不再相信自己，内心深处产生自己没用、无能等念头，强大的心理压力，令他们不堪重负。

其次，孩子会因语言暴力而自卑自闭。

语言暴力，犹如利器一般，深深扎在了孩子的心头。父母的责

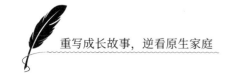

骂和否定，让他们在怀疑自我、否定自我的基础上，变得自卑自闭起来。

如果父母此时不能及时觉察孩子性情上的变化和内心深处的活动，继续用语言暴力伤害他们，会导致孩子不愿参加任何的社交活动，将自我完全封闭。生活中很多儿童的自闭、自卑，都源于父母语言暴力的伤害。不和谐的家庭氛围，使得孩子认为连他们最为亲近的人都这样对待自己，又何况是不熟悉的陌生人呢？只有自我封闭，才能让他们在角落里获得心灵上的宁静。

再次，孩子自我封闭的极端，将引发他们自暴自弃的行为。

极度的自卑自闭，会进一步导致孩子产生自暴自弃的行为。在他们看来，既然无论如何做都讨不到父母的肯定和欣赏，心理防线趋于崩溃的他们索性放弃了积极上进的进取心，任由自我沉沦下去。

还有一些孩子，心理承受能力会更为脆弱，面对父母的语言暴力，他们还会做出自残、轻生的举动。当心理的重压得不到有效的缓解时，对生活丧失了希望的他们，往往就会做出各种极端的行为。

最后，会深深影响到和谐的亲子关系。

在父母长期的语言暴力下，孩子和父母的亲子关系越发紧张，进而形成对峙状态，父母越是不希望看到的，孩子偏偏反其道而行之。他们的这种行为，既有对父母语言伤害的不满和反抗，也寄希望于通过这种反抗行为，引起父母的重视，不再对他们施加语言上的侵害。

明白了语言暴力的巨大危害性，作为父母，首先要做的是改正自身的不当做法，和孩子交流沟通，多控制自我情绪；当批评孩子的时候，也应三思再三思，尽量不说伤人的话语，避免言语上的辱骂，掌握好批评的力度，不能将孩子彻底否定。当感觉自己批评孩子的话语太重了，可以改换方式，强调孩子身上的优点，多鼓励，多赞美。比如告诉孩子："如果你不这样做，是不是更好呢？"说话的方式婉转了，反而更能起到良好的教育效果。

无情的讽刺，是孩子心中抹不去的伤痕

别人家的孩子最优秀

如果要问父母："你们爱自己的孩子吗？"相信大多数父母会异口同声地说："我们当然爱自己的孩子了，舍不得吃，舍不得穿，辛辛苦苦地工作为了什么？不就是为了给孩子最好的物质生活，让他们快快乐乐地健康成长吗？"

这些父母的话语，听起来貌似非常有道理，但事实果真如此吗？

假如让你去回忆你的童年生活，你是否能够从中品味出父母对你深深的爱意呢？或许很多时候我们在回忆的过程中会感到有些迷茫和困惑：记忆中，不知自己哪方面犯了错误，就会招来父母的一顿责骂。期末考试成绩不好，怀着忐忑的心情回家，迎面就是一阵"狂风暴雨"般的指责……

　　回忆至此，可能很多人都会不由扪心自问：我的父母真的始终如一地爱着我吗？他们为何会带给我伤害呢？

　　其实回答这个问题并不难。大多数人的童年都会有或多或少的阴影，这种心理阴影的形成，或来自父母的责罚，或是他们施加给我们的精神虐待，更多的是对我们的嫌弃和挖苦，"别人家的孩子那么优秀，就你不争气"，类似的话语也许伴随了我们整个的成长历程，无论如何努力，也赶不上"别人家的孩子"。

　　在孩子眼中，父母是他们的全部，是这个人世间最值得依靠信赖的对象。但一些父母在教育孩子的问题上，常抱着"恨铁不成钢"的理念，拿别人家的孩子和自己的子女比较，以此责怪自己的孩子不如别人的孩子。

嘲讽是孩子难以愈合的心理创伤

　　在丫丫的记忆中，童年时期来自父母的嘲讽让她一直难以忘记，心理创伤始终难以愈合。

　　丫丫直到四岁才直接上的幼儿园中班。刚上幼儿园的时候，由于不太适应幼儿园的环境，加上是插班的原因，她一直难以融入班级里去，课外游戏活动也很少参加。

　　有一次，丫丫的妈妈来幼儿园接她，恰巧和丫丫班上一名同学的母亲碰在了一起。闲聊中，对方对丫丫的妈妈说："我儿子说你家姑娘在班级里不是太合群，以后你要多开导她，和大家玩在一起。"

同学母亲的话语并没有什么恶意，只是希望丫丫能够得到父母的关心，尽早融入集体生活。谁知丫丫妈妈听了对方的话语之后，却语带嘲讽地说："就我家这个小丑八怪，脾气倔，性格随她爸，愁死人了。"

当着同学家长的面，被自己的妈妈说成是丑八怪，丫丫的心里别提多难受了。虽然当时的她还不知道美和丑的真实含义，可是被说成丑小孩，她自然是一百个不乐意。

这样的场景并非一次两次，丫丫的妈妈总是不分场合，随意羞辱她，这让丫丫非常自卑，脸上的笑容也越来越少。丫丫还记得，上小学的时候，妈妈带着她去买衣服，让她选择颜色的时候，丫丫一眼相中了白色的款式。

谁知妈妈当着服务员的面，直接讥讽丫丫说："就你整天不讲卫生，不爱干净，还穿什么白颜色的衣服，我看这款深色的就非常不错，省得我天天为你洗衣服。"妈妈的一句话，让丫丫无地自容。

报兴趣班的时候也是如此。妈妈询问丫丫有什么兴趣爱好，也许是平日里被妈妈嘲讽的次数多了，丫丫不敢表达自己的意见，只是怯怯地说："随便好了。"一句话，又招来妈妈的无情讽刺："你呀就是一个没主见的人，什么事都做不了主，将来你长大成人，可怎么独立生活呀？"

类似的嘲讽讥笑，一直持续到丫丫读大学为止。逃离了家庭的丫丫终于不必每天面对妈妈那张唠叨的嘴了，她努力让自己变得开朗一

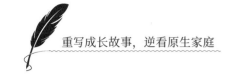
些，努力学着忘记过去种种的伤痛。

其实丫丫也知道，妈妈是爱她的，然而妈妈总是一边付出关爱，一边用讥讽的言语伤害着她，以至于丫丫提起妈妈，心里的伤痛还迟迟难以愈合，她说如果将来自己有了一个新的家庭，在教育子女方面，一定不能重蹈妈妈的覆辙，让孩子幼小的心灵遭受重创。

丫丫的过往经历，在现实生活中很有典型性。来自最亲近的父母的嘲讽和否定，会让孩子饱受精神上的创伤，以至于对他们的一生都带来不良的影响。我们也可以设身处地想象一下，那些在父母的嘲讽中长大的孩子，他们的内心究竟要背负多少伤痛和精神压力？在孩子的世界里，父母是他们获得爱和温暖的地方，如果连父母都不肯赞美和肯定他们，那么孩子还有什么信心让其他人更爱他们呢？

我们不妨重新回到丫丫身上，如果丫丫从小被父母用正确的方式教导，比如关爱她，鼓励她，而不是冷嘲热讽，那么她一定比现在更优秀、更自信。

父母的嘲讽会让孩子背上沉重的心理枷锁，严重者会陷入难以治愈的自卑和自闭。需要我们明白的是，父母对待孩子态度的好与坏，往往对孩子的一生都带来深远影响，习惯用嘲讽的态度和子女相处的父母，很难培养出意气风发、儒雅大度的孩子；反之，如果父母多用赞美和鼓励的方式和孩子沟通交流，他们的孩子一定会充满无穷的蓬勃朝气和强大自信心。

也许孩子会被其他人看不起，但只要被自己的父母认同和肯定，他们便无所畏惧。所以，每个爱自己孩子的父母，也许你们的出发点和本意是好的，希望用语言刺激、激发孩子的上进心。但请记住，嘲讽并非一个好的刺激手段，如果是真的爱自己的孩子，请注意和孩子相处时的态度和言行。

无休止的说教，换来的不一定是听话

 喋喋不休的说教，孩子愿意听吗

在成年人的世界里，如果遇到难以处理的问题，人们常常会"晓之以理，动之以情"，通过讲道理的方式让对方心悦诚服，接受自己的主张和建议，从而解决问题。

但这样的方式在孩子身上是否管用呢？

星期天，明明的父母邀请了几名同事来家里做客。几位同事也带了孩子过来，大人们在客厅里坐着说话，几个小朋友碰在一起，也很快熟悉了起来，在旁边嬉笑玩耍。

大人们聊到兴起的时候，突然听到一阵敲打碗盘的声音。明明的妈妈探头看去，原来不知道什么时候，明明和几位小伙伴来到了厨房里，在明明的带领下，他们将橱柜里的餐具都拿了出来，一一排列摆好，煞有介事地用筷子逐个敲打，仿佛在开一场"摇滚音乐会"。

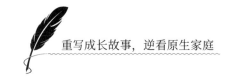

"叮叮当当"的敲打声，不仅影响到了大人们的谈话，同时明明妈妈也担心孩子们会将哪件餐具打碎，"熊孩子"的破坏力她还是很清楚的。

看到这里，明明妈妈轻轻地站起身，来到厨房门口，对明明说道："嘘！小声点，不要吵闹，房间里还有其他玩具，你带小朋友过去玩。"

几位小伙伴相互对视了一眼，扮了一个鬼脸，停止了手中的动作。明明的妈妈以为孩子听从了她的劝告，就放心地返回了客厅。

谁知仅仅清静了一两分钟，很快孩子们敲击餐具的声音伴随着他们嘻嘻哈哈的魔性笑声又传到了客厅里。

明明的妈妈暗自叹了一口气，站起身重新来到厨房门口，对明明说道："听到没有？告诉你们不要吵闹了，怎么还这样？"

明明赶忙放下手中的筷子，脸上露出一种无辜的表情，向妈妈保证，绝不再吵闹了。

可是情况并没有好很多，虽然孩子们一开始有意地压低了声音，不过没过多久，他们就又肆无忌惮地发出吵闹的声响了。

这次明明的妈妈真的生气了，她径直来到厨房门口，提高声音道："说了多少次了，别吵了，我再说一遍，明明你是主人，再不听话我把你赶出去。"

这次之后，情况好很多，但是客人聊天的兴致也被打断了，他们不愿意看到因为自己的孩子而让明明受到更严厉的责罚，于是赶忙找个机会起身告辞了。

案例中，明明的妈妈三番五次地对儿子展开说教，但显然收效甚微，并没有成功阻止孩子的打闹，还影响了大人之间的谈话。如此看来，喋喋不休的说教对孩子不会有太显著的效果，愿意听从的孩子很少。

为什么孩子不愿意听从长篇大论的说教

在心理学上，经研究发现，孩子不愿意听从父母长篇大论的说教，是一种"超限效应"的表现。什么是"超限效应"呢？这一理论是指说教越多，其说服力就越是大打折扣。在家庭教育中，父母期望通过喋喋不休的说教让孩子听从教导，心悦诚服地服从指挥，就是"超限效应"的典型代表。

生活中这样的例子还有很多。如有的父母习惯对孩子说："你怎么又犯同样的错误了，你看我都说了多少遍了，你就是不长记性。"

或者说："多次告诉你不要这样做，你就是不听，现在看看，后悔了没有？"

在父母眼里，他们认为说教得越多，孩子才越能长记性，吸取教训，活成他们想要的样子。其实和他们期望不同的是，很多时候，父母说教越多，孩子越是有逆反心理，不仅不愿意听从教导，还常常反其道而行之。

曾有人针对青少年做过这样一份问卷调查，询问他们最烦父母什么行为。

一名初中女生回答说："我刚上初一，父母就天天在我耳边唠叨，说不要早恋，要好好学习，早恋有多么多么不好。他们说得多了，甚

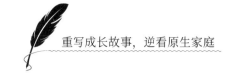

至开始怀疑我早恋，每天都要盘问我。后来我就故意早恋，就是为了要气一气他们。"

另一个男生也有同样的感受："我也知道，父母的唠叨，本意是为了我们好，可是说得次数多了，我心里面就开始产生逆反情绪，越是不让我做什么，我就偏偏想要去做。"

类似的答案也有很多，孩子们共同的指向，就是讨厌父母喋喋不休的唠叨。而在父母那里，他们总是害怕孩子因为不听话犯下各种错误，因此总是试图通过唠叨的方式干预孩子的言行举止。殊不知，他们的唠叨，正是孩子不听话的原因所在。你对孩子苦口婆心地劝导，孩子却早已开启了"左耳朵进右耳朵出"的模式，继续充耳不闻。尤其是当孩子在内心深处因为条件反射而构筑起防御唠叨的"城墙"，产生了"免疫力"之后，对他们讲再多的道理，也都显得苍白无力、无济于事了。

孩子不愿听从父母的唠叨和说教，双方之间的沟通交流出现了问题，自然也会导致亲子沟通陷阱的出现。

🌀 如何让孩子听进去我们的教导

既然长篇大论的说教不会起到正面效果，反而还会起到反作用，那么在不打骂、不斥责孩子的前提下，父母又该如何让孩子听得进去道理呢？

托尔斯泰曾说过这样一句非常风趣却富含哲理的话语："爱孩子是

老母鸡都会做的事，关键是如何教育。"

首先，父母要学会倾听。倾听是亲子沟通中非常有效的一个方式。当孩子犯错误时，父母要多听他们内心的想法，让他们有解释的权利，给他们时间去改正，这样在孩子的心目中，他们的父母是通情达理的，当他们内心真正明白自己错了，感到惭愧时，就会努力改正。

其次，用实际行动来感化孩子。人们常说："行动是最有力的语言。"在家庭教育中，这句话也同样适用。面对孩子的错误做法，家长要采取必要的实际行动，这要比单纯枯燥的说教好上很多。

比如"孟母教子"的故事，孟子不好好学习，孟母就采取"子不学，断机杼"的行动，让孟子认识到自己的错误，从而痛改前非。

最后，采用奖励和惩罚并重的教育方式。孩子不听话，可以制定一定的家庭规则，完成了给予奖励，违反了给予惩罚，严格地执行下去，比单纯地行使父母的权威来压制孩子的效果会好上很多。

棍棒之下真的出人才吗

传统家庭教育中的观点真的全对吗

中国有着数千年悠久的文明，传统文化在国民的心目中也根深蒂固，尤其在家庭教育这一领域，古人早就积累了丰富的经验，如《朱子家训》《颜氏家训》《三字经》等，里面对孩子的教育有着详尽规范的指导，如"养不教，父之过。教不严，师之惰"等，为后世留下了宝贵的精神财富。

在传统的家族式教育里面，有这样一些比较主流的说法："不打不成才"，"棍棒下面出孝子"等。可见在古人眼里，"玉不琢不成器"，严厉的教导是孩子成才的关键。在这种理念的指引下，父母就形成共识：想要让孩子长大成才，成为对社会有用的精英人士，就不能对他们太过慈爱，当他们犯错误时，要通过"责打"的方式，让他们铭记

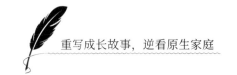
于心，少犯或不犯错误，养成努力上进品格。

许多八零后，包括他们之前的不少人，在童年时代恐怕都遭受过棍棒的"鞭策"。那个年代的许多父母认为，想要让孩子听话，说服教育远远不够，打一顿就好了，适当时候可以"大打出手"，让孩子长记性。所以，很多时候，打就成了他们教育孩子的不二选择。

在孩子的成长过程中，加强对他们的教育，是必需也是必要的。然而随着社会的发展，新时代的父母大都意识到，传统的"棍棒教育"和现代社会的教育理念格格不入。

要知道，每一个孩子都是一个独立的个体，他们受社会整体氛围的熏陶，崇尚个性，追求自由平等，期望和父母平等相处，彼此尊重，因此以往传统教育中试图通过责打的方式来迫使孩子屈服的做法已然行不通了。

对待传统教育，正确的做法是取其精华，去其糟粕。如果还有家长信奉"棍棒之下出孝子"，那将会给孩子幼小的心灵带来严重的负面影响。

🌀 棍棒教育的危害

危害一：经常打骂孩子，会让孩子变得自卑懦弱

孩子的天性是活泼开朗的，他们对外界的人和事具有强烈的好奇心和探知欲望，因此在他们的成长过程中，会不可避免地犯下各种错

误，如我们口中常说的"熊孩子""捣蛋鬼"。

其实对于绝大多数孩子来说，他们虽然做事不知轻重、不懂后果，但还都在可控的范围之内，真正闯出滔天大祸的孩子是少数的。如果对孩子犯下的错误不分轻重，一律采取棍棒教育，不仅没有什么好的效果，还会让孩子原本阳光自信的性格变得自卑懦弱起来，为人处世谨小慎微，胆小怕事。

鹏鹏是一个"爱惹事"的孩子，好动的他常惹得父亲大动肝火。其实鹏鹏犯的错误并不是太严重，只不过是逗哭了女孩子，或者是给老师来一个恶作剧，每次鹏鹏的父亲被叫去开家长会的时候，常被老师点名批评。

所以，开完家长会后父亲就会将鹏鹏叫到身边，二话不说，先是一顿"打屁股"，直到手都打疼了，才问鹏鹏知道不知道自己犯了错误，以后会不会改正。

打的次数多了，鹏鹏一看到父亲脸色不好，内心就极为紧张，吃完饭就赶紧溜回自己的房间里，闭门不出。为了少惹父亲生气，他渐渐变得不爱和同学们交往了，下学时一个人孤零零地回家，沉默寡言的他，性情也越来越自卑孤僻。

显然，鹏鹏父亲的教育方式是错误的，并没有很好地解决问题，还让儿子的心理负担很重，失去了人际交往的兴趣。

危害二：经常打骂孩子，会使孩子性情固执而暴躁

教育家蒙田说过这样的一句话："在棍棒底下成长起来的孩子，心灵更为脆弱，也更加固执。"

在家庭教育中，如果不分青红皂白，遇到问题就勃然大怒，用单纯责打孩子的方式开展对子女的教育，很多时候只能让孩子产生

逆反心理。他们在遭受了多次的身体创伤后，常常会这样想："为什么受伤的总是我？既然逃不掉挨打的命运，干脆就破罐子破摔好了。"

所以，体罚教育并不能有效地让孩子认识到错误，反而会让他们走向固执的一面，陷入"犯错误就打——打了之后继续犯——犯了错误重新打"的恶性循环之中，孩子们一而再地犯错误，其实也是对父母责打行为的无声抗议。

另外，父母长期责打孩子，也容易让孩子养成暴躁的性情。当他们长大之后，受原生家庭的影响，遇到问题不会寻求合理的解决之道，而是简单地诉诸武力，信奉"谁拳头硬谁就有理"的法则，这种行为对他们的人生成长自然是不利的。

危害三：经常打骂孩子，会让孩子说谎成性

犯错误之后经常被父母责打的孩子会想："怎样才能逃脱肉体的惩罚呢？"渐渐地，为了不再遭受体罚，他们在面对父母的询问时，会隐瞒很多事实，编造谎言来应付家长的责难。如果发现说谎管用，尝到了甜头的他们便会一发不可收拾，最终变得撒谎成性。

显然，试图用暴力的方式迫使孩子认错屈服是最不明智的一种家庭教育理念，而"和善坚定"才是对孩子最好的教养方式。

和善坚定的管教方式，是指在对孩子进行教育时，态度要温和，晓之以理，动之以情；同时父母又能很好地坚持教育的底线，对孩子犯下的严重错误绝不姑息骄纵，必须让他们认识到其中的错误和危害，适度地给予责罚。

　　在具体方式上，有时不妨和孩子订立一个"君子协定"，给予孩子一定的空间和自由，但告诉他们有些事情绝不能越界，要学会对自己和他人负责，否则必然会受到相应的惩罚。相信大多数孩子也是通情达理的，他们能够从中明白父母的一片苦心。

冷暴力，是对孩子的精神虐杀

冷暴力的表现方式

在家庭教育中，对孩子拳脚相加的体罚是一种家庭暴力，也可以说是一种有形的家庭暴力。和有形家庭暴力相对的是一种无形的家庭暴力，也被称为冷暴力。

相对于"责打"的暴力教育，习惯冷暴力对待孩子的父母往往不会采取直接体罚子女的方式，而是从心理上、情感上以及精神上对孩子实施虐待行为。

很多家长在听到"冷暴力"这一名词，并听到他人指责他们如此对待孩子时，往往也会一头雾水，因为他们自身都不明白什么是冷暴力，或者说不知道自己什么时候对孩子采取了冷暴力。

从冷暴力的表现方式上看，它又分为很多种类，父母不妨对照一

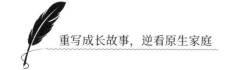

下，看自己是否在孩子身上施加了冷暴力。

第一种，一有时间就玩手机，心思从不在孩子身上。

随着智能手机的兴起，生活中很多年轻的父母，除了工作之外，将大部分时间花在了玩游戏、阅读新闻、刷短视频上面。和孩子相处时，他们不与孩子交流，而是沉浸在手机世界里。面对孩子的呼唤，他们也充耳不闻，敷衍了事地对待来自孩子的主动亲近行为。如果受到他人的指责，这些父母也常会振振有词地说："上班都忙了一整天了，好不容易刚下班有点空闲时间，就不能让人放松休息一下吗？"

第二种，和孩子怄气，不管不问。

在家庭教育中，孩子犯了错，父母应当主动找到孩子，和他们展开沟通交流，询问他们犯错的原因，并给他们提出恰当的建议。

但有这样一些父母，他们听到或看到孩子犯了错误之后，常采取疏远孩子的方式，故意对孩子不理不睬，只是用甩脸色、瞪眼等方式来表达自己的不满。在他们的潜意识里，孩子可以"无师自通"地看到他们内心的愤怒，并积极改正。他们基本不主动和孩子沟通交流，而是等待孩子向他们先一步道歉。

第三种，夫妻之间的矛盾，迁怒在孩子身上。

一部分原生家庭中的夫妻因为性格不合等原因经常闹矛盾。但很多时候，原本是夫妻二人之间的问题，却往往牵连到孩子。

双方冷战时，对孩子也不闻不问，相互推诿，谁也不愿承担照顾孩子的责任，让孩子夹在中间非常难受，不得不小心翼翼地看着父母的脸色行事，生怕做错了什么，从而招来一方的呵斥责骂。

冷暴力对孩子不可忽视的伤害

冷暴力同样是一种暴力行为，正如精神分析学家玛丽·伊里戈扬所指出的那样："冷暴力其实就是一种精神虐待。"

一些家长只承认看得着的家庭暴力，对责打体罚孩子的方式看不惯，但对于施加在孩子身上的冷暴力，他们却显得漫不经心，自认为这种亲子相处方式不会有什么严重的危害。

显然，这一部分家长的看法是极其错误的，冷暴力对孩子心灵和精神上的伤害丝毫不亚于责打体罚一类的家庭暴力，甚而有过之而无不及。

伤害一：导致亲子关系疏远

父母因为手头工作忙，不去理睬孩子，或是因为内心的怒气而故意冷漠对待孩子，久而久之，会让孩子的内心感到无比失落。在他们的心中，会产生"父母不爱我了""我被抛弃了"等念头。孩子无法从父母那里获得安全感和亲近感，原本亲密的亲子关系将变得疏远。

如果孩子的性情本身就非常敏感，他们还会据此推想："都是我不好，惹得父母不高兴，我是一个不值得被爱的坏孩子。"在这种想法的刺激下，孩子会因此陷入深深的自责之中，难以自拔。有些索性自暴自弃，走向叛逆的另一个极端。

伤害二：压制孩子的探索欲望和创新精神

孩子的世界是多彩而丰富的，当他们来到这个世界之后，对眼前的一切事物都会产生浓厚的兴趣，此时他们最需要的是来自父母的陪伴和关心，陪着他们在认知世界的过程中一起成长。

但父母的冷暴力却使得孩子强烈的求知欲望遭受挫折。如孩子对一件事物感兴趣时，就会跑到父母跟前问东问西，期望能够从父母那里得到他们想要的答案。此时的父母如果敷衍以对，或者以现在正忙等借口支开孩子，就失去了一次让孩子满足好奇心的机会。

还有一些孩子，创新精神和意识非常强。如他们喜欢拆卸玩具，在拆卸安装时需要得到父母的指导，如果父母冷漠以对或嗤之以鼻，认为他们是在"搞破坏"，也会泯灭孩子宝贵的创新精神。

家庭教育中"冷暴力"对孩子的伤害远不止于此，如还会让孩子心理脆弱、抗压能力弱、丧失自信心、产生社交障碍等，对孩子幼小的心灵带来不可逆转的伤害。也正因如此，有人曾将冷暴力形容为"冷面杀手"，严重破坏了和谐友爱的亲子关系。

哈佛大学心理学教授吉尔博在长期研究家庭教育之后，曾对冷暴力现象精辟地评论说："十年后，你不会因为少做一个项目而遗憾，但你会因为没有多陪孩子一小时而遗憾。"

确实如此。每一对父母在家庭教育中都应深刻地意识到，对孩子最好的教育不仅仅是物质生活上的满足，它还需要父母对孩子高质量的陪伴。多反省自我，克制不良情绪，始终用爱和温情去关怀、亲近孩子，唯有如此，在这种原生家庭中长大的孩子才能拥有积极强大的心态，在社会上也才能更好地生存发展下去。

【家庭日记】 ....

意大利幼儿教育专家蒙特梭利曾说过："每个孩子一出生，天然就有一个精神胚胎。而这个精神胚胎要长成什么样子，父母有着极其重要的引导作用。"蒙特梭利的观点对父母有着重要的参考价值。孩子的人生成长，深受父母的影响，所以请学会正确爱自己的孩子，让他们的精神世界充实、饱满、丰富。

第五章

逆向突破，
与原生家庭握手言和

在这个世界上，没有完美无缺的原生家庭。每个人或许都有过遭遇原生家庭伤痛的经历，但我们需要建立正确的认知，即我们不能一直沉浸在过去的时光里，也不能太在意、太纠结原生家庭所带给我们的伤痛，要学会敞开胸怀，用爱和温暖去化解昔日的伤和痛；在亲情的感召下，尝试重新构建其乐融融的家庭成员关系，相信自我一定能够找到治愈心灵创伤的路径，在新的起点上完成自我的蜕变。

告别创伤，不做永恒的受害者

🌀 原生家庭创伤的危害

每个人在长大成人之后，当他们面对外界的评价、人际互动、婚恋关系等时，会忽然发现，自我的人生发展和脾气秉性，竟然深受原生家庭的影响。站在远处审视自己，我们或阳光积极，努力上进，或心态沉郁，做事容易冲动，千差万别的性情，大多都带有原生家庭的烙印。

一个充满温馨和谐氛围的原生家庭，会让人拥有良好的秉性和心态，能够极大地拓宽自我的人生道路。

但一个不可回避的问题是，并不是每个人的原生家庭里面，都洋溢着爱、关怀和快乐，许多人从原生家庭那里得到的，除了爱与亲情之外，还有或多或少的苦涩与伤痛。

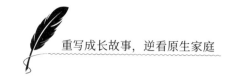

虽然每个人都希望生长在一个气氛融洽的家庭里，然而我们无法选择自己的原生家庭，当我们作为一个新的生命降临到人世间时，谁也无法预料我们将面临的是怎样的一个原生家庭。我们的父亲是否有责任心和担当精神？我们的母亲是否温柔慈爱，拥有较好的素养？在我们的生命诞生之前，一切都是未知的答案。

也正因为如此，许多人在成年之后，回首过往，常会在脑海中涌现这样的念头：我怎样才能摆脱原生家庭的阴影？面对曾经伤害过我的父母，如今的我，又该如何与他们相处呢？对于生活过的、充满冷漠氛围的原生家庭，我还有勇气和力量去爱它吗？

在原生家庭所遭遇的伤痛，有时会像枷锁一般，将我们的人生牢牢禁锢，有的人通过努力挣扎得以解脱，有的人却太过于纠结童年时所受到的伤害，难以拔除内心的这根刺，导致他们的人生始终被不幸所笼罩。

那些不善于从阴影中走出的成年人，一辈子都沉浸在原生家庭对他造成的伤痛之中，就如在深渊旋涡中挣扎的生命体一般，沉沉浮浮，终将被旋涡吞噬。

摆脱原生家庭之伤

既然原生家庭的创伤带给我们的危害如此巨大，那么我们如何才能从旋涡之中挣脱出来呢？又如何不再和曾经不完美的原生家庭斤斤计较呢？

心理学家卡伦·霍妮曾讲过这样一句话："所有人只要还活着，就有改变自己，甚而是彻底改变自己的可能性，儿童并非可塑性对象的唯一存在。"

霍妮这句话的意思不难理解，任何时候都有改变自己的机会和时间，我们要尝试学着告别原生家庭中所遭遇的伤痛，走出心理创伤的阴影。

墨菲在南方一所重点大学里就读，在学校里，墨菲成绩优秀，待人和善，深得老师、同学们的喜爱。但她在独处的时候，内心无比惆怅，原本表面上活泼的她不见了，快乐的表情也被一脸愁容所取代。

原来墨菲所在的原生家庭，曾让她受过很多的伤害。墨菲的父亲样样都好，唯一的缺点就是喜爱酗酒，而且酒品不行，不喝难受，一喝就醉。喝醉之后，墨菲和母亲就成了父亲随意打骂的对象，稍有言语上的不合，她们母女就会遭受父亲无理的责罚。

虽然每次酒醒之后，父亲也意识到自己的错误，总是发誓要戒掉酗酒的毛病，但几天之后，就又"明知故犯"。

所以，在墨菲的记忆中，小时候的她是不快乐的，每次看到父亲喝醉，懂事的她就拉着母亲，远远地躲到一边，免得父亲发酒疯让她们受到伤害。

后来墨菲上了大学，父亲却高兴不起来。原因是学校里学习以及生活的花费大，每次向父亲开口要钱，父亲不喝醉的时候通情达理，一旦喝醉了，他就会醉醺醺地说："我哪有什么钱？钱都花在你们母女身上了。现在我也很紧张，为了供你读书，有时连买酒钱都不够。将来你大学毕业，赶快找一份工作挣钱来孝敬我，不然以后结婚嫁人，还不知道回不回这个家了。"

一直纠结在原生家庭伤痛中的墨菲，表面上伪装出快乐的样子，实则暗地里郁郁寡欢。为了不再伸手向父亲要钱，在大一的下半学期，墨菲主动向辅导员提出申请助学贷款的请求。因为需要了解家庭情况，在辅导员的关心下，墨菲原原本本将自己的家庭情况说了出来。

辅导员听了之后开导她，不能一直沉浸在原生家庭的伤痛之中，要有走出创伤的勇气，试着去影响父亲，不要这样一直被伤害下去。

在辅导员的鼓励下，墨菲放假回家后，看到父亲再次准备酗酒时，鼓足胆量直接上前将酒瓶夺走，并告诉父亲，年纪大了，要注意身体，不是不能喝，要少喝，杜绝喝醉后发酒疯的恶习。

一开始，父亲面对墨菲的行为一脸惊讶，不过很快，他意识到眼前的女儿已经长大了，虽然顶撞自己的态度坚决，但根本目的还是关心他，他原本要爆发的脾气也忍住了。

这次经历之后，墨菲对约束父亲酗酒的恶习有了信心，而上了年纪的父亲也愿意听从她这个女儿的"管教"，曾经因为父亲喝酒而吵吵闹闹的家庭，不和睦的氛围也越来越少了。

告别原生家庭的创伤，需要我们有勇气站出来，不再一味地"悲悲切切"，相信成年后的自己，有力量也有能力改变原生家庭不当的地方。命运掌握在自己手上，通过努力，一定能够推动自己走出原生家庭"永恒受害者"的模式。

与父母和解，尝试去了解父母

为何会与父母产生隔阂

俄国著名作家托尔斯泰曾经说过这样一句名言："幸福的家庭总是相似的，不幸的家庭，各有各的不幸。"

在那些不和谐的原生家庭里，子女的内心深处总会有种种挥之不去的阴影。他们常会抱怨养育他们的父母，认为他们在对待兄弟姐妹时有所偏爱，或是重男轻女的思想比较严重，也或性情暴躁，不能也不会和孩子们平等地沟通。

这些心灵上的阴影，随着他们的长大，不仅没有很好地消除，反而会越发被放大、被审视，尤其是看到其他原生家庭中和睦的氛围，他们更会因此"愤愤不平"：为何我偏偏出生在这样一个缺乏亲情的家庭里呢？

其实在很多时候，我们对父母的看法，是一种误解。比如父母偏爱小的孩子，这是人类的一种天性，逐渐长大的我们，在父母眼中，已经不需要花费太多的精力和时间去照顾，而年幼的弟弟和妹妹，需要他们付出更多的关心和呵护，这些原本再正常不过的事情，在一些孩子眼里，就落下了心理阴影，他们会想当然地认为父母从不去关心他、爱护他，而心思都在弟弟妹妹身上。

也有一种情况是，父母或生性腼腆，或粗枝大叶，他们尽管无比爱自己的孩子，但是很少用言语去表达出来，不善于表达浓浓的爱意。渐渐地，在孩子的心中，缺乏语言安慰的父母就变成了一个模糊的"陌生人"，让孩子生出想要逃离这个原生家庭的念头。

接近父母，了解父母的另一面

我们需要知道的是，天下很少有不疼爱自己孩子的父母，只是因为主客观条件的种种限制，他们也许为了生计而奔波，疏忽了对我们的照顾，也许只是表面上的严厉，不愿让我们生活在娇生惯养的"蜜罐"中，只是将深深的爱藏在心底。所以，成年后的我们，要多主动接近父母，多去了解他们，即使和父母曾发生过种种不愉快，也要尝试着和他们和解。一定要相信，当你真正走近父母时，会有另一种不同的看法、认知和感受。

雨诺在接到父亲病重住院的电话通知后，她的第一反应，就是认为这次父亲还像以前那样，打电话的唯一目的，就是跟自己要钱花。

在雨诺的记忆中，父亲是一个很吝啬的人。从小学到大学，每次学业上需要花费的钱，父亲总是在最后关头，才替雨诺交上。

雨诺大学毕业后，找了一份不错的工作，收入不菲，她心里想着，自己能独立赚钱了，以后就可以不用看父亲的脸色了。然而让雨诺想不到的是，第一个月刚发薪水，父亲就打来电话，让雨诺寄钱回家。

雨诺知道，家里还有一个弟弟，正在上高中，正是需要花钱的时候，所以她也毫不犹豫地将薪水的一半寄回了家。但从此开始，每到发薪水的日子，父亲的电话就不期而至，索要的数额一次比一次大。

虽然随着工作的稳定，雨诺的收入也提高了不少，可是每次面对父亲大额金钱的索要，她也是不堪重负。如果不答应，或者是打钱晚了，父亲的电话就会一个接着一个，这让她在同事面前很难堪。

为了满足父亲的需要，雨诺只能尽量地减少自己日常的开支，看着身边的同事在讨论着名牌的衣服和化妆品，雨诺的心里也一直很不是滋味，她有时痛恨自己生在了这样的一个原生家庭中，埋怨父亲为什么不能体谅她，反而将她当作了一架投资赚钱的"机器"。

可是这次父亲病重，出人意料的是，代替父亲打电话的母亲，并没有向她要钱，只是嘱咐她有时间回去看望一下。

在医院里，雨诺见到了父亲。医生告诉她，父亲癌症晚期，时日无多了。父女两人也第一次真正坐下来展开了一次交心的谈话。

父亲告诉雨诺，不要怪自己自私，不要恨自己。以前他之所以向女儿要钱，主要是因为自己的年纪越来越大了，失去了赚钱的能力，而雨诺的母亲和弟弟，也没有赚钱的能力，因此父亲不得不狠心去向

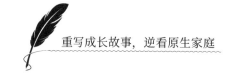

女儿索要。但所有索要来的钱，父亲一分都没花，而是存起来以应付不时之需。

父亲还告诉雨诺，她很快也会有自己的家庭，有自己的生活，到时她要对自己的家庭负责，所以现在虽然让还单身的雨诺紧张一些，不过这些钱足够支撑儿子大学毕业并找到工作，那样就不必再去麻烦女儿了。

父亲的话语让雨诺痛哭失声，此刻她理解了父亲的苦心，这也是他能为这个家庭所做的最后一点努力。而过往对父亲所有的痛恨，此时都已烟消云散了。

其实像雨诺这样，尝试着去了解父母的真实心境，也许会发现真相并不是我们所看到的那样。这就像著名作家朱自清一样，在他的散文名篇《背影》里，我们得知，朱自清年轻时对父亲有各种误解，而直到真的和父亲分别，看着父亲蹒跚着脚步为他购买食物的一瞬间，他终于感受到了父亲潜藏在心底深处那深沉的爱。

在亲情关系上，家人是我们一生之中都不可能也不会斩断的血脉联系，拥有一个温暖的家庭，应当说是人生最大的幸运。然而我们需要知道的是，在这个世界上，从来不存在完美的父母。为了养育子女，父母都有不为人知的辛苦；有时也可能因为他们认知上的限制，曾做出过种种不恰当的行为，但并不代表父母不爱我们，他们这样做的最终目的，依旧是为了这个家庭能够好好地生存下去。

我们努力尝试和父母和解，其实也是和过去的自己和解。日本著名导演北野武曾说："什么时候我们觉得父母原来那么不容易，我们才算真正成熟了。"

确实如此，终其一生，我们都在学习如何与父母相处。和父母和解，是我们一生的修行。请原谅不完美的父母，这种原谅，本质上也是一场自我的救赎。当我们选择和父母和解的那一刻，也才算是真正和过去的那个自己和解。

自我治愈，走出原生家庭的创伤

🌀 创伤的烙印

有人说："每一个成年人的行为举止和思维方式，都深受各自原生家庭的影响，我们每一个人，几乎都是原生家庭的复印件。"言下之意，当我们在原生家庭中受了伤之后，即使长大成人，这种童年的阴影依然久久不散，让我们不由自主地重复上一辈的思维模式和行为。仔细想一想，是不是这样呢？

我们不妨闭上眼睛，认真回想一下，在遥远的童年记忆中，我们的父母都做了哪些行为，从而让我们感到气愤、悲伤、痛苦和害怕呢？

通过这些回忆，我们会发现，很多时候令我们为之痛苦纠结且具有典型性的是，在一些原生家庭里面，有些父母习惯于掌控孩子的一切，这让孩子不由生出无数莫名的烦恼。如被父母否定太多，缺乏安全感；极其不自信，想要让自己变得优秀起来，却又感到无从下手。

美国著名心理治疗师苏珊在《原生家庭：如何修补自己的性格缺陷》一书中，对这些喜欢掌控孩子的父母进行了鞭辟入里的分析："由于害怕不再被孩子需要，许多操控型的父母会尽力维持孩子的无力感，并希望它永远不会消失。"

也正因如此，在这些原生家庭中长大的孩子，最大的烦恼就是为什么父母不让我拥有属于自己的生活。带有这种心理创伤的他们，也常会反问父母："为什么我做什么，在你们的眼里都是错误的？""什么时候我才能不受你们的干涉，有自己选择的自由和权利呢？"

在这样的原生家庭中，如果身在其中的孩子在成人之后，不能拥有果断独立的能力，这种思想还会被他们继承下去，延续父母的规则、观念，让同样的"悲剧"在下一代的身上重演。

而反观那些健康的原生家庭，这些家庭中的父母，倡导个性、个人责任和独立的理念，让孩子能够由此塑造自尊心和满足感。

但问题是，既然我们生在了一个令我们伤痕累累的原生家庭里，就要学着摆脱原生家庭中的种种负面影响，最有效的方法就是要让自己有敢于独立的力量。

学会自我治愈

著名作家田志刚曾说过这样的一句话："原生家庭对你影响程度的高低，和一个人的独立能力有关。如果自己的独立力量足够强大，那么来自家庭的影响就会显得弱小起来；反之，自我的独立力量越小，家庭的影响就越大。"

由此可知，原生家庭虽然让我们在童年时期遭受了种种伤痛和困扰，但通过自我的独立，也一定能够将这种伤痛治愈。

在雅诗的记忆中，小时候的父亲，向来以严厉著称，自己的一言一行都要被父亲干涉。逢年过节的时候，别人的孩子都高高兴兴地穿上了新衣服，而当雅诗的母亲也想要为孩子买一身新衣服时，父亲总会出来阻拦说："钱还是省着点花，女孩子还小，这个时候懂得打扮是什么呀？再说衣服也不破，这次就将就着别买了。"

可是看到其他孩子一身崭新的衣服，雅诗提出自己的抗议，父亲却一句话给挡了回去："马铃薯再打扮也是土豆，你穿上新衣服，就能变成小天鹅了？"这样的话语，让雅诗听了很是受伤。

不仅在穿衣服上如此。雅诗上学之后，学校里经常举办各种文体活动，如果是免费的，雅诗的父亲不会说什么；假若需要花钱，如购买必要的器具时，父亲就又会说："参加这些有什么用处？还不如把浪费掉的时间用来好好读书，这才是正事。"

童年的心理创伤和阴影，曾一度让雅诗感到无比自卑，她有时恨恨地想："为什么会遇到这样一个喜欢掌控自己一切的父亲呢？"庆幸的是，雅诗并没有一直沉浸在原生家庭所带给她的创伤之中，她不断地逼着自己强大，让自己变得更加优秀。

后来雅诗参加了工作，有了一份好的职业，此时已经完全掌控了自我命运的她，再回头审视当年父亲自私吝啬的行为，她又有了新的认识。父亲年轻的时候吃了很多苦，因此才希望自己的孩子能够多吃苦，多磨炼，虽然受个人思维的限制，方式和方法不对，但至少在上学的事情上，父亲还是大力支持她的，这也让她能够一直读到硕士

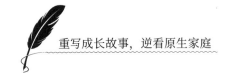

毕业。

拥有了新的人生的雅诗，也彻底从原生家庭中的创伤阴影中解脱出来。当遇到和她有同样童年遭遇的人时，雅诗也会语重心长地告诉对方："要学会努力，当自我真正强大了，也就让童年的伤痛得到了良好的治愈。只有愚笨的人，才将所有的精力都放在和过去的家庭抗衡上面，越纠结越放不下，最终活成了父母曾经的模样。"

其实，在每个人的内心深处，都有一个"受伤的内在小孩"，童年遭遇伤痛的阴影，时时萦绕在心头。不同的是，我们所受到的伤害程度有轻重的差别。我们之所以去回忆，去认识和了解过去的我们，只是为了在未来前行的路上，试着去自我治愈，从负面的亲子关系中得到解脱，在拥有新的自信和力量的同时，走出原生家庭的创伤。

寻找与原生家庭新的平等相处之道

🌀 家，令人爱恨纠结

著名心理学家武志红在论述原生家庭对孩子的伤害时，曾说过这样一句精辟的话语："家是爱和温暖的传递通道，也是恨和伤害的传递通道。"

显然，在研究原生家庭伤痛的学者眼中，家是一个非常复杂的情感糅合体，人们都希望生长在一个和睦温馨的家庭里，但很多时候，事情的发展并不是按照人们的美好愿望"设计剧本"的。好的原生家庭，子女可以从中得到爱的温暖；而充满不和谐氛围的原生家庭，则是生活在其中的人们一辈子都不愿提及的伤痛。

有些原生家庭，带给我们身体或心理上的伤害会成为我们人生道路上的"绊脚石"。童年时的我们，在面对父母的教育时，没有力量去反抗，也缺乏必要的觉醒意识，只是在原生家庭的伤害下，有一种身

心俱疲的感觉，不想和父母相处，时刻想要逃离自己的家庭。

遇到了这样的原生家庭，在长大成人之后，是不是可以选择逃避现实，远离父母，一躲了之呢？

其实，我们不能过多地去指责我们的父母。要知道原生家庭带给我们的伤痛，很多时候也并不是父母刻意为之的结果。我们应当明白的是，人们所遭遇的那些原生家庭的困境，被父母伤害后所造成的心理阴影，其实并不是哪一个父亲或者母亲的主动选择。作为我们的上一辈的父母，他们的种种行为，大多受时代和家庭传承的影响，他们在不知不觉中成为受害者，又在不知不觉中伤害了你，变成了一个"施暴者"。

也可以说，都是第一次为人父母，初做人父、人母的他们，所有的认知经验，都来自于他们的父母，只不过有些父母善于用心，在子女的教育上取得了极大的成功；而有些父母，则成为传承者，因为教育理念和方式方法的不当，和子女渐行渐远。

☯ 寻求和解之道

家，让我们又爱又受伤，问题是，我们该如何客观公正地看待曾带给我们伤痛的原生家庭和父母呢？是不是因为伤痕累累，就此和原生家庭一刀两断了呢？

当然不能。父母毕竟是我们的父母，他们给予了我们生命。在我们降临到这个世间的时候，他们也曾用心呵护过我们。我们一声啼哭，他们会手忙脚乱地为我们准备食物；我们第一次蹒跚学步的时候，他们站在身边寸步不离，生怕我们摔倒在地。即使在一些人看来父母偏心的时候，他们也会为所有的孩子准备好衣物饭菜，因为这是他们作为父母最本能的爱。

当我们理解这一点时，就应当试着说服自己，学会从伤痛的阴影中走出来，寻找新的和原生家庭的和平相处之道。

苏曼曾对自己的原生家庭充满了愤恨。在家庭中，苏曼年龄小，上面还有一个哥哥。按说父母都是疼爱最小的子女，然而在她的记忆中，父母总是偏爱自己的哥哥，将关注的重点放在了哥哥身上。一家人出去游玩的时候，遇到好玩的项目，哥哥每次都是有求必应，而她只能玩一些花费少的游乐项目。

上学时的种种遭遇，也让苏曼对父母深为不满。她记得有一次为了提高成绩，想上学校的强化班，为了两千元的费用，她求了父母好多次才答应。然而她的哥哥报一个足球训练营，三四千元的花费，父母毫不犹豫地拿了出来。

或许是遇到了太多类似的事情，渐渐长大的苏曼，在潜意识里就认定父母一定不喜欢她，存在着严重的重男轻女的思想，否则为什么她不能得到一样的关爱呢？有时候她甚至想，自己说不定不是父母亲生的，她是从其他地方抱养过来的，要不然她在家庭里面的待遇一定不会这么差。

因此，当苏曼长大成人后，有了经济来源的她，曾一度想要切断和原生家庭的联系，希望离家越远越好。但是当苏曼有了自己的家庭，有了一个可爱的女儿后，身为人母的她，又开始重新思考她和原生家庭之间的关系。

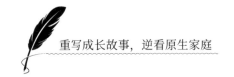

尤其是每次逢年过节，回去看望父母的她，越来越意识到随着父母年纪的增大，他们的眼中多了牵挂和疼爱，每次她离去时，父母总是万般不舍，那种浓浓的亲情，让苏曼原本坚硬的心开始融化。她暗自想，难道就这样一辈子和父母对抗到底吗？为什么不试着用另一种方式和父母相处呢？

想通了这些之后，慢慢地，苏曼从开始例行公事般地回家看望父母，变成了一个月主动回家一次，陪父母说说话，一起做饭，久违的亲情又以欢声笑语的方式呈现在了饭桌上。此时的父母，也早已没有了当年重男轻女的偏见，甚至对待苏曼比对待她的哥哥还要亲近几分，在亲情的感召下，苏曼曾经的心结也彻底消融了。

随着父母年纪的一天天增大，我们需要有更多的耐心去改变父母曾经固有的错误理念。这就要求我们和原生家庭相处时，也应当像苏曼一样，不要太纠结原生家庭带给我们的伤痛，放下心结，学会用爱去化解这种伤痛，寻找新的和原生家庭的平等相处之道，并用亲情构建和原生家庭亲密和睦的关系，试着去重新融入这个家庭之中。

重写我们的成长故事，完成自我蜕变

◎ 抱怨不是解决问题的路径

令人痛苦压抑的原生家庭，如一座大山一般，阻挡了我们前行的路。当我们遭受原生家庭的伤痛时，不免会生出这样的念头："我人生中所有的一切不幸，都是我那令人痛恨的原生家庭所造成的，是父母不正确的教育方式害了我，因此父母要为我的人生未来负责。"

抱有这种观念的人，将所有的过错都推到了原生家庭的身上，他们认为，自己的原生家庭，就是自我的人生宿命，想要逃离却无能为力，试着改变又不知从何做起，因此只能在痛苦中继续沉沦下去。

但问题是，抱怨可以解决问题吗？难道我们的人生的未来发展，就只能由原生家庭决定了吗？

一个很明显的事实是，生活中那些依旧沉浸在原生家庭阴影中的人，不去反思，不注重提升自我独立的力量，他们中的很大一部分人，

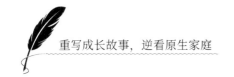

依然会被原生家庭所固有的思维模式所控制，继续重复父母辈的人生命运。

尝试逆向突破

　　既然抱怨和逃避没有用处，我们为何不去改变思维，逆向突破，在重写我们成长故事的同时，超越原生家庭，羽化成蝶，完成自我蜕变呢？美国传奇女孩塔拉的故事，也许会带给我们很多的启发。

　　女孩塔拉出生在美国爱达贺州，父亲是一个愚昧粗暴的男子。在父亲固有的观念中，学校对孩子没有什么用处，上学并不会让人变得更为聪明。固执的父亲，虽然生育了七个子女，但除了大哥上过一年小学之外，其他子女都被剥夺了上学的资格，也因为父亲偏执的性格，使得他不相信医院，每个子女都是在家里出生的。

　　在这样的一个原生家庭中，塔拉的童年是不幸的，她除了家人之外，外面几乎没有什么玩伴，她的父亲在家中拥有绝对的权威，因此塔拉只能在缺乏亲情的压抑氛围中生活，她逆来顺受，小小年纪就不得不协助父亲工作，力所能及地为母亲减轻一点负担。

　　令人窒息的家庭环境，曾一度让塔拉对生活失去了希望，她渴望读书上学，渴望外面的世界，然而在父亲的意愿驱使下，她还能够有什么更好的选择呢？只能一切听从父亲这个家庭权威的安排。

　　直到塔拉十七岁之前，她的父亲一直以所谓的爱的名义，牢牢控制着所有的家庭成员，家庭中除了父亲之外，几乎都未品尝过快乐和自由的滋味，没有人想到过反抗，那样就意味着对整个家庭的背叛。

但随着他们年纪的增大，父亲也逐渐衰老，慢慢有了自主意识的子女们开始试着逃离这个家庭。塔拉的大哥泰勒，虽然只上过一年小学，不过凭着对学习的渴望，他第一个选择和父亲对抗，通过自己的抗争，获得了上学的机会。

塔拉从哥哥的身上得到了启发，她的意识开始觉醒：我要离开这个地方，要通过自我的努力，去改变我的人生。在塔拉和固执的父亲对抗过程中，她幸运地得到了母亲的暗中支持，母亲无条件地支持她走出家庭的阴影，在外面的世界自由翱翔。

十七岁那年，塔拉的反抗取得了成功，她逃离了家庭，走出了封闭的大山。在新的环境里面，塔拉如饥似渴地补习着落下的学业课程，她通过自学，获得了杨百翰大学的入学资格，在新的人生征程上，她坚定地迈出了第一步。

可是长达十余年和学校脱节，塔拉想要在短时间内赶上同龄的孩子，其中的困难可想而知。好在塔拉的身上有一股不服输的韧劲儿，她几乎所有空余的时间都是在图书馆中度过的，正是凭借着这股强大的意志力和坚持精神，塔拉不仅补习完了所落下的课程，还取得了学校优等生的资格。

令人惊奇的是，随后，塔拉又考上了剑桥大学哲学硕士研究生，几年后，又获得了剑桥大学历史学博士学位，期间还获得了奖学金，得到了前往哈佛大学做访问学者的机会。

塔拉在取得人生辉煌之后，回首过往，才意识到，当年她的父亲，应该患有严重的双向情感障碍类的精神疾病，所以才将他的子女牢牢

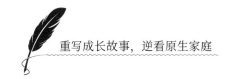

控制在身边，不允许他们提出任何的反对意见，做出不符合他期望的反抗行为。

后来塔拉将自己的人生经历写成了一本名叫《你当像鸟飞往你的山》的书。在这本书中，塔拉告诉世人，不要被原生家庭所禁锢，要勇于打碎旧有的束缚，敢于重写自我的人生故事，向着获得新生的方向努力奋进。

塔拉用自我的人生故事告诉我们：也许在一个原生家庭里，我们曾遭遇过各种痛彻心扉的伤痛，但只要你能够凭借自身的努力不断地成长，不断地自我超越，就一定能够"凤凰涅槃"，塑造出全新的自我。

过去的终将过去，我们需要明白的是，当下能够决定我们人生发展方向的，是与原生家庭和解并奋发图强。当我们为重写自我的人生故事而做出了种种努力之后，相信一定能够"百炼成钢"，真正地实现"羽变重生"的人生梦想。

【家庭日记】

日本著名作家东野圭吾曾说："谁都想生在好人家，可无法选择父母。发给你什么样的牌，你就只能尽量打好它。"不同的原生家庭，会有不同的伤痛，或许我们的父母并不是那么完美，曾让我们伤痕累累。但我们依然要乐观看待各自的原生家庭，毕竟父母为了家、为了他们的子女，付出了许多许多。我们要相信的是，过去虽然无法改变，但未来可以通过我们的努力去塑造。只要我们愿意正视过去，快乐向前，逆向突破，就能摆脱原生家庭的伤痛，寻找到通往幸福的通道。

第六章

称职父母，
重塑健康的原生家庭

在这个世界上，应当说几乎所有人都愿意成为孩子眼中的好爸爸、好妈妈。也许我们在自己的原生家庭中，遇到了并不完美的父母，他们因为认知的限定和思维模式的缺陷，曾带给我们种种难以言说的伤痛。但当我们组建了新的家庭后，我们都不愿意将这些伤痛重新施加给我们的孩子，所以，在勇气、智慧的指引下，我们完全能够重塑新的、健康的家庭相处模式。

好的原生家庭有着怎样的标准

🌀 好的原生家庭的重要性

很多人都知道，原生家庭很重要。我们的人格形成，秉性特征乃至人际关系和婚姻生活，在很大程度上都会受到原生家庭的影响。

在一个充满了关爱、温暖且有素养的原生家庭里面，父母子女之间有和谐的亲子关系，相互之间的沟通交流也比较频繁，这样的家庭出来的孩子往往具有乐观自信的品格，容易形成积极的自我价值感，成为一个阳光小孩。

这些孩子在长大成人之后，也能更好地适应复杂的人际关系。当他们组建了新的家庭之后，也常常会将这些积极的品质带给新生的一代，让原生家庭中的正能量继续传承下去。

而反观那些充满了语言暴力、肉体责罚以及精神虐待的原生家庭，生活在其中的孩子和父母的亲子关系恶劣，他们的身上很少有快乐的

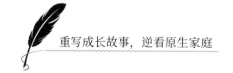

气息，性格沉郁，并极度缺乏安全感。

因为有太多的负面情绪，这些孩子的人生之路比他人要显得崎岖坎坷很多，越是如此，原生家庭带给他们的伤痛，越是久久难以消散，成为他们一生挥之不去的阴影。

孩子的心理需求

既然好的原生家庭对一个人的成长有如此多积极正面的影响，那么什么样的原生家庭才是一个好的原生家庭呢？或者说，一个好的原生家庭，都有哪些具体的标准可以衡量测度？如果遇到父母和孩子之间爆发激烈的冲突，孩子出现了种种不良的习惯，好的原生家庭又是如何解决的呢？

在心理学家看来，父母和孩子之间的亲子关系并没有想象中的那样复杂。因为在孩子一方，他们的年龄和认知，决定了在他们身上所出现的各种问题，但这些不过都是较小的基本问题而已，这些基本问题的归结点，就是孩子的心理需求是否得到了满足。

我们可以想象到的是，孩子感到快乐，说明他们基本的心理需求得到了满足；而他们生气闹情绪的时候，显然是他们的心理需求没有得到应有的尊重。从这一点出发，在一个原生家庭里，父母能够做到满足孩子基本的心理需求，并在此基础上构建孩子原始的信任，这样的一个家庭，就是一个好的原生家庭。

问题是，孩子的基本心理需求都有哪些呢？

一、关系需求

人类是一种群体性的生物，在社会生活中，我们需要和他人产生各种联系，并在其中获得爱和归属感，这就好比是鱼儿和水的关系一样，离开了水，鱼儿就无法生存。同样，如果一个人被人群孤立，他是很难有一个健康的心理的。

对于孩子而言也是如此，人们在儿童时期，渴望得到父母的关爱和重视，如果这份渴望得不到满足的话，就会导致一系列问题的发生。

如等到这类孩子长大成人，在社会的人际交往中，他们的性情孤僻冷漠，不愿和人亲近；或者是暴躁易怒，在自我意识中构造出一个以自我为中心的心理世界，对自己、对他人都会造成一定的伤害。

所以，每一个原生家庭中的父母要重视孩子的关系需求，不去虐待孩子，远离语言冷暴力，当孩子不开心的时候，要多去关心和陪伴他们。

二、独立和掌控需求

在关系需求之外，孩子还有独立和掌控方面的需求。从孩子认知这个世界开始，他们就天生带有独立探索性，对外界的事物有较强的掌控欲望。比如当他们通过自我的努力，能够做到一些自己想要做到的事情时，他们就会由此获得满足感，自信心在独立掌控需求得到满足时，也将有极大的提升。

明白了这一点，身为父母，在日常和孩子相处的过程中，应当多鼓励孩子去尝试探索外面的世界，去做一些他们感兴趣的事情。

当孩子对某些事物表现出强烈的好奇心时，在确保安全的前提下，父母不能去打击孩子，否定孩子，或者是出于保护的目的，干扰孩子的自主性，那样会使孩子的自信心受到严重影响。长大成人的他们，一旦失去了独立性，就会对父母产生高度的依赖性，缺乏独立生活的能力。

三、快乐需求

快乐是人们内在的天性之一，对快乐的追求和向往，也是每个孩子最为基本的权利和内在需求。小时候在快乐氛围中长大的孩子，他们的性情会呈现出自信、乐观的特质，积极阳光，让人心生好感。

父母过多干涉孩子追求快乐的天性，会导致他们失去青春活力，变得暮气沉沉、老气横秋。当然，快乐也有一个度的界限，对孩子不能太严厉，也不能太过骄纵，在骄纵溺爱之下成长起来的孩子，性情乖张，他们的人生悲剧也会由此埋下伏笔。

因此，在一个好的原生家庭中，孩子的脸上应当经常洋溢着欢乐的笑容，他们既能品尝到人生的乐趣，又不会过于放纵自我的欲望，在满满的活力背后，还懂得自律、自省的道理。

四、自我价值和渴望被认可的需求

在实际生活中，无论取得成就的大小，几乎每个人都喜欢得到别人的肯定和承认，那些来自外界的褒奖和赞美，能使我们获得情感和心理的双重满足。

对于孩子而言也是如此，他们都有一种自我价值得到肯定的内在需求。来自妈妈的赞美，来自爸爸的肯定，还有其他家庭成员的认可，会使得他们生出一种满足感，认为自己的存在是有价值的，自我的人生也充满了乐趣。成年之后的他们，精神上也会更加富足，抗压能力强，遇到困难和挫折时，也不会轻易地否定自己。

反之，在一个被否定、被忽视、被冷漠以对的孩子眼中，父母是不爱他们的，认为自身缺乏存在感和价值感，由此造成他们产生极度的不安全感，这种感知一旦内化到他们心灵深处时，成年之后的他们，常会心态消极，抗压能力差，小小的挫折和困难就能让他们精神崩溃。

所以，判断一个家庭是否是好的原生家庭，只要看他们的父母在对待孩子的问题上是否满足了这四种基本需求，就可以有一个大致的判断了。

良好的家庭氛围是原生家庭之伤的终结者

良好家庭氛围的内涵及类型

在人的一生中，家庭环境和家庭氛围，是对大多数人产生深远影响的首要教育因素。从内涵上看，家庭氛围是指一个家庭内部各个家庭成员之间的关系，及由此所衍生出来的情境、气氛和情调。从本质上看，它是一个家庭长期积累而形成的情意倾向和精神状态，能在潜移默化中对孩子起到"润物细无声"的作用。

家庭氛围看似是虚无的事物，实则存在于每一个家庭之中，对处于生长发育期孩子的心理和精神而言，有着至关重要的影响，在很大程度上决定着孩子内在品格和人格的形成。

具体来说，家庭氛围主要由父母的生活态度、行为习惯、文化态度、思想态度以及气质秉性等几个要素组成。

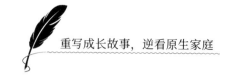

明白了家庭氛围的内涵后，再进一步区分，家庭氛围也有积极正向和消极反向两大类别。如果加以粗略划分，这两大类别的家庭氛围，又可分为正统型、冲突型、民主型、包办型、放任型几大类型。

在正统型的家庭氛围中，父母大多性情严肃，对待子女的教育也比较严厉，他们虽然也深深爱着自己的孩子，不过不会轻易地表现出来，只是将浓浓的爱意深藏在心底。因此，在日常教育中，这一类型家庭氛围下的子女，和父母之间的互动不是那么频繁，彼此之间缺乏沟通和交流。这些导致很多这样的家庭中的子女在成人后，由于童年时期没有融洽的情感交流，往往抗压能力比较弱。

冲突型的家庭氛围较好理解，在这类家庭里面，父母经常吵架，孩子被疏远，他们只能小心翼翼地看着父母的脸色生活，久而久之，会导致他们产生人际交往障碍。

民主型的家庭氛围中，大多呈现出快乐温馨的味道，亲子关系互动频繁，父母和子女的情感沟通通畅顺利，在这类家庭中长大的孩子，往往乐观、自信、阳光、开朗，做事灵活，抗压能力强。

包办型的家庭氛围中，父母大多辛苦操劳，从情感上看，他们不愿子女受苦受累，因此选择扛起所有的家庭重担，让孩子有一个衣食无忧的生活环境。在这类家庭中长大的孩子，性情中和平稳，不过适应能力和独立自主能力相对较差。

最后是放任型的家庭氛围。这类家庭的父母对孩子大多采取"放养"的方式，不重视对孩子的教育，在父母眼中，孩子日后的人生发展如何，能够取得多大的成就，是否可以获得良好的发展，全靠自己的运气和造化。在这类家庭中长大的孩子，外向开朗活泼，不过在责任心和自控力上，就显得有些不足了。

不良的家庭氛围，对孩子的影响主要有哪些

在分析了家庭氛围的几种类型之后，显然可以看出的是，良好的家庭氛围有助于孩子优良品质的形成，让他们在获得快乐的同时，可以塑造出积极、乐观、自信的心态，这对他们的人生成长有着莫大的益处。

比如一个从小就不缺爱的人，在以后的人生道路上，不管遇到什么样的挫折和困苦，都能坦然以对，并能够释放出自己内心最真、最深的温暖。

那么，不良的家庭氛围，对孩子又会带来哪些伤害呢？

一、会扼杀孩子快乐的天性

在孩子的童年世界里，对快乐的追求是他们的天性之一，而不良的家庭氛围，如父母冷战，习惯控制孩子的一切，父母的掌控欲强，等等，在这种家庭氛围中长大的孩子，很容易失去童年的快乐，性格沉郁，人际交往冷漠，心理疾病多。

二、孩子会缺乏安全感

在孩子的世界里，父母就是他们的一切。他们希望在一个良好的家庭氛围中，得到父母的爱与关怀、赞美和肯定。然而习惯精神和肉体虐待的父母，对孩子非打即骂，这样做显然会对孩子幼小的心灵产生严重的负面影响，造成他们的内心极度缺乏安全感，失去自信和阳光。

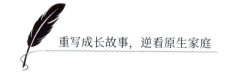

🌀 如何构建良好的家庭氛围

两相对比，显而易见的是，良好的家庭氛围，才是孩子成长的乐园，他们在这样的家庭中快速成长，活成了自己最希望长成的样子。所以，对于每一个人来说，在组建新的原生家庭之后，如果想要避免原生家庭带给自己的伤害在新的家庭中重演，让伤痛从自己手中终结，就要懂得如何营造良好的家庭氛围。

一、重视亲情，让家庭成员快乐团结

在一个家庭内部，家庭成员之间的关系好坏，往往决定着整个家庭的氛围和稳定程度。父母要学会爱护自己的子女，给他们以亲情的温暖，当他们遇到挫折和困难时，也应多给他们合理化的建议，帮助他们树立解决问题的自信心；子女要体谅父母养育家庭的艰辛和不易，学着去体谅父母，尊重他们，爱戴他们。

二、尊重孩子

父母要明白的是，孩子不是他们的附属品，对待孩子要多肯定，多赞美，尊重他们的人格，懂得保护孩子隐私的重要性。当家庭内部遇到问题时，要愿意听从孩子的意见，多去和孩子沟通交流，营造民主、自由、平等、轻松的气氛。

三、重视亲子关系的互动

父母是长辈，但不能摆出一副高高在上的姿态。尤其在现代社会，快节奏的生活中，父母陪伴子女的时间本来就少，因此我们要充分利用空闲时间，多和子女沟通，多倾听他们的情感需求和内心呼声。在有条件的情况下，多参加一些户外活动和亲子游戏，这些都有助于提升亲子关系的亲密度。

四、父母在提高自我文化素养的同时，也要帮助孩子树立正确的人生观、价值观

在日常生活中，父母要注重文化素养的提升，不对孩子形成语言暴力，不冷嘲热讽；同时还要告诉孩子正确的人生认知和价值取舍，用良好的家风去熏陶孩子，塑造孩子积极阳光的人格。

爱你的配偶，这是很好的养育建议

爱自己的配偶，对孩子的教育会产生怎样的影响

父母最爱的是自己的孩子，为了孩子能够获得良好的成长，他们甘愿付出自己的一切，愿意去拼搏和奋斗，并为此任劳任怨，只要能够看到孩子脸上洋溢着幸福快乐的笑容，他们就会为此感到心满意足。

但如果要问父母，既然爱自己的孩子，那么什么才是爱孩子最好的方式呢？

对于这一问题，父母或许会有多种多样的回答："力所能及地给孩子提供最好的物质条件"，"让孩子感受到来自父母的疼爱"，"给孩子提供良好的家庭氛围"，"给他们以安全感"……诸如此类的回答，其中的核心点就是：要让孩子感受到爱的温暖。

其实，爱孩子的最好方式之一，是去爱我们各自的配偶。也许人们对于这样的说法感到迷惑：爱自己的孩子和爱自己的配偶之间，有什么必然的联系吗？这又会对孩子的教育产生哪些正面积极的影响呢？

一、夫妻之间和谐甜蜜，能够让孩子产生高度的安全感

人们都熟知亲子关系的重要性，但常忽略了婚姻关系是亲子关系最佳的"样板"。在一些原生家庭中，夫妻关系不睦，大吵不断，小吵天天有，恶劣的夫妻关系，其实都会影响到孩子幼小的心灵。

对于孩子而言，无论是爸爸还是妈妈，都是这个世界上他们最为亲近的对象，但如果他们所依赖、所信任、所期盼带给他们安全感、幸福感的父母，天天为生活的琐事争吵不休，长此以往，自然会在他们的心灵深处留下沉重的阴影。

由此，家不再是他们温馨安全的港湾，曾经无比熟悉亲切的父母，此时也因彼此不断的争吵而变得陌生，在这种家庭环境中渐渐长大的他们，越来越孤僻自闭，看到父母阴沉的脸色，他们宁愿关上房门独处，也不愿在父母争吵的旋涡中左右为难。

这样的场景，在现实生活中也屡见不鲜。那些夫妻关系不和睦，或最后以离婚收场的家庭中，伤害最深的，反而是他们昔日的爱情结晶。

二、夫妻之间亲密的婚姻关系，会让孩子从中学习到良好的婚姻模式

我们爱孩子、培养孩子的目的是什么？是为了让他们在长大成人之后，能够成为国家的栋梁，在各自的岗位上做出一番事业，同时还希望他们有幸福美满的婚姻家庭生活。明白了这一点，我们也会懂得，

培养孩子除了让他们成才之外，还希望他们日后能够成为一个体贴的丈夫或妻子，一个合格的爸爸或妈妈。而这一切，都和原生家庭中亲密的夫妻关系密不可分。

丈夫爱自己的妻子，妻子也深爱着丈夫，夫妻之间亲密的互动行为，能够给孩子带来正确的引导示范作用，让孩子从中学习和体味到爱的幸福与美妙。因此在夫妻幸福恩爱家庭中长大的孩子，在选择配偶并牵手成功后，也会将原生家庭中他们父母身上那种爱的温馨，带到新的家庭中去，让和谐温馨的幸福之花，继续绽放下去。

三、亲密的夫妻关系，也有利于孩子更加健康地成长

在很多父母眼中，一旦有了家庭和子女之后，他们自身的身份就仿佛隐退了一般，一切都是围绕着孩子运转，为了疼爱孩子不惜付出所有。

但这样过度宠爱孩子，很容易走向溺爱的极端，会让孩子产生"我"才是家庭中心的思想，并以此为基础，逐渐变得越来越自私，越来越任性，任何一点小小的要求不被满足，就会大哭大闹。如此娇惯下去，会养成他们霸道、蛮横的性情，对他们的人生成长，自然也会产生诸多负面的影响。

而夫妻之间的婚姻关系稳定和谐，在爱自己的孩子和爱自己的配偶上都同等对待，会有助于孩子良好人格的形成；同时在一个家庭内部，婚姻关系、亲子关系都能顺利健康地运转下去，也是维持家庭"铁三角"关系稳定的重要基石。

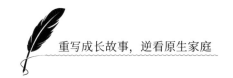
夫妻关系的经营之道

既然婚姻关系如此重要，那么我们又该如何去经营这一关系呢？

首要的一点，在家庭关系中，我们应当将夫妻关系放在第一位。丈夫应全心全意地爱自己的妻子，妻子也应同样要求自己，夫妻双方互相鼓励和肯定，让爱的火焰长久不灭。

再者是适当添加一些浪漫的情调，让对方感受到浓浓的爱意。如在另一半生日，或者是两人的结婚纪念日时，不妨暗中给对方准备一个小小的惊喜，买一些对方喜爱的礼物，抽出时间搞一次浪漫温馨的晚宴，并彼此感谢对方对家庭的付出，这些有情调的浪漫方式，是维系夫妻婚姻关系持久保鲜的"灵丹妙药"。

最后是必要的尊重。对另一半的尊重，其实也是对自己的尊重。尤其在孩子面前，更要懂得维护另一半在孩子心目中的形象和权威。不要因为妻子或丈夫性格上的缺点，或者是犯了一些小错误而揪住不放，并在孩子面前毫不留情地大加奚落。

比如有些夫妻，习惯斥责对方赚钱少了，在外面太老实了，等等，这样做，会让另一半在孩子面前失去尊严和威信，从而对夫妻之间的婚姻关系，产生不良的影响。

爱你的配偶，是为了更好地爱这个家，也是为了给孩子营造一个良好的家庭氛围，一个其乐融融、温情无限的原生家庭，一定会让孩子从中受益无穷的。

与孩子开展健康的沟通，建立亲密关系

建立亲密亲子关系的重要性

什么是亲密的亲子关系呢？面对这样的一个问题，或许对于无数父母来说，每一个人都有自己不同的见解，仁者见仁，智者见智。也许在大多数的父母心中，亲子关系的构建非常简单，疼爱孩子，对孩子的生活起居给予无微不至的照顾，父母付出了，孩子看到了，就一定能够建立起亲密的亲子关系。

但事实果真如此吗？在实际生活中，我们常会听到父母这样抱怨："实在是太令人心累了，我家的孩子这才四五岁，就学会了顶嘴，一批评他就会发脾气，真让人头疼。"

处于少年叛逆期的孩子也是如此，他们的父母也常为不能和孩子进行良好的沟通而烦恼。孩子放学回家，书包一丢，直接将自己关在了他的卧室里面，不到开饭的时候不露面，直接拒绝了和父母沟通交流的机会。

所以，我们仅仅一厢情愿地说自己疼爱孩子，对孩子提出的各种物质需求都无限度地给予满足，难道就真的能建立起亲密的亲子关系了吗？显然不能。

也有的家长生性疏懒，做事粗枝大叶，既然孩子不愿意和他们沟通，他们也倒乐得落个清净。这些家长的"佛系"做法也是不可取的，只有进行良好健康的沟通，构建亲密和谐的亲子关系，才能让孩子形成健全的人格和秉性。

美国的哈佛大学曾做了一次"什么样的人才能成为人生赢家"的调查问卷。通过对数百份样本的详细数据分析，从事这项研究工作的学者从中发现，在充满爱和亲密的家庭氛围中成长出来的孩子，更容易成为人生的赢家，这也从正面凸显出了亲子关系的重要意义。

如何才能和孩子开展健康的沟通

和孩子有效健康沟通，其实是一门学问。

首先是要注重自己和孩子说话时的方式，充分照顾孩子的心理接受能力。

举一个简单的例子。孩子不小心将桌子上的杯子碰倒了，父亲看到后，一般的反应会这样说："你怎么这样不小心？赶快把杯子扶起来，别摔坏了。"

父亲的话语，在自己的眼中，无非是陈述了一个客观的事实，并给了孩子一个可以执行的正确意见。但在孩子的心里却不是这样的，他或许认为父亲是在给他下命令，语气里带有指责自己行为错误的含义，因此要么是充耳不闻，要么是非常不情愿地按照父亲的要求去办。

此时父亲换一种说话的方式和语气，如这样对孩子讲："杯子倒了吗？没关系，将它扶起来就没事了，下次注意一点就好了。"这种说话方式和语气，在孩子听来温和亲切，甚至还会感到有一丝丝的愧疚和惭愧，他们会乐意听从父母的教导，积极配合父母提出的处理方式。

因此，对于同样的事情，使用不同的说话方式和语气，有时哪怕仅仅是一字之差，效果都会有很大的差别。所以当父母看到孩子犯了错误，想要给他们提一些小小的建议时，就不妨多审视一下自己的说话方式和语气，尽量做到温婉和蔼，用孩子最乐意接受的方式进行，孩子听进了心里，开开心心地去执行，自然就会取得良好的沟通效果。

其次是学会理解孩子的情绪起伏变化，让孩子变得通情达理起来。

在生活中，我们常会遇到这样的情况：孩子无缘无故地生气了，一个人躲在一边生闷气，拒绝和大人沟通，尤其是青春期的孩子，因叛逆心理的产生，不愿多和家长亲近，希望自己距离家长越远越好，

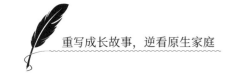

这时父母应该怎么办呢？

显然，放任不管是一种不负责任的做法。遇到孩子生闷气，不去和他们沟通交流，只会让孩子变得越来越叛逆，越来越孤僻，进一步恶化原本就脆弱的亲子关系。因而正确的做法是，要学会理解并接纳孩子阴晴不定的负面情绪，不动怒，不发火，循循善诱，找到引起他们愤怒的根源，并有针对性地进行心理疏导。

其中需要我们把握的是，无论孩子因何种原因而发怒，我们都不应过多地指责他们，即使犯了错误，开导他们的重点依然是帮助他们寻找到解决问题的办法。孩子的心结一旦打开，又能从父母那里得到正确的指导，良好健康的交流沟通便得以形成了。

再次就是遇事要多和孩子商量。在亲子关系中，父母和孩子的互动其实是平等的，也是双向的。我们不仅需要倾听、注意、理解并开导孩子在生活、学习上遇到的种种烦恼，同时还应当将孩子当作一个平等的主体来看待，遇到事情的时候多和他们商量，去聆听他们对这件事情的看法。

比如在为孩子报一些兴趣班的时候，很多父母的做法常常是按照自己想象中的模样来进行的。在他们看来，孩子应该学习钢琴、舞蹈等等，但孩子内心真正的想法是什么，父母一无所知，这种强加给孩子的教育模式，会让孩子产生逆反心理。

正确的做法是，父母应主动询问孩子喜爱什么，对什么更感兴趣，听听他们内心的认识和感受。显然，这种"商量式"的沟通方式，会让孩子的内心愉快，他们在遇到问题时，也就更愿意主动地和父母沟通交流，而不用父母在费心劳神地追在孩子后面，为得不到孩子真实的想法而苦恼了。

　　和孩子之间良好的沟通交流，能更好地打开孩子的心门，让他们变得阳光快乐、自信从容。这种建立在健康沟通基础上的亲子关系，也因此会更加稳固扎实。

向孩子证明你很重视他

如何做一个称职的父母，如何让孩子从家庭中感受到浓浓的爱和温暖，相信是大多数父母极为重视的一个方面。

而现代社会快节奏的生活和工作，使得构建亲密的亲子关系的时间越来越少。这样一来，在孩子眼中，父母每天忙忙碌碌，早出晚归，除了给自己提供必要的物质生活需要外，似乎忽略了他这样一个家庭成员的存在。久而久之，感觉不被父母重视的孩子，心理上会产生微妙的变化，或孤僻自闭，或自暴自弃，感觉整个世界都抛弃了他们一样。

当父母察觉到孩子情绪变化，感觉出他们自认为被忽略、被轻视的委屈时，又该采取哪些方式向孩子证明他们在父母心目中的分量呢？

一、学会倾听，让孩子有受到父母重视的感觉

能不能让孩子感受到来自父母的重视，倾听是非常重要的一个方面。孩子感觉受到冷落，大多是父母不会倾听的结果。比如母亲在洗衣服时，孩子恰好想要和母亲说话，分身乏术的妈妈，一边忙碌，一

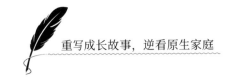

边心不在焉地和孩子互动着。

当然，在很多家庭中，母亲由于女性的角色，对孩子的关心和照顾，相对比较细心一点，孩子也愿意和母亲多亲近一些。而作为男性的父亲，大大咧咧的性格，很容易让孩子在父亲身上碰到"软钉子"。

举一个例子。父亲下班回家，或许是一天的工作比较忙碌，身心俱疲的他，希望能够得到一些安宁。此时孩子看到父亲下班，兴冲冲地跑过来，用稚嫩的语言，想和父亲分享成长的喜悦，说一说一天中的趣事。

面对孩子高涨的兴致，父亲的表现常常不尽如人意。他敷衍地说："好了，宝宝，让爸爸先休息一会儿，吃完了饭，爸爸再陪你玩好不好？"面对爸爸这副态度，孩子也只好噘着小嘴离开。

如果有时遇上爸爸心情不好，连敷衍都不愿做了，会挥着手对孩子说："赶快去一边玩去儿，没看到我正烦着吗？"

即使有时愿意和孩子互动，但因为要忙于手头的工作，当孩子"喋喋不休"地想要和爸爸展开对话时，做父亲的一面忙着手头需要处理的工作，一边勉强地分出一点注意力，回应着孩子的话语。实际上，孩子究竟说了什么，是否需要停下工作去安慰他们，忙于工作的爸爸，估计也没多想。

以上种种，都是父母忽视孩子心声的表现。孩子需要得到父母积极的回应，关注他们，重视他们，聆听他们内心真实的想法，如果这种需求得不到满足，长此以往，孩子和父母疏远也就不足为奇了。

因此，我们要注重倾听。在和孩子沟通时，父母要及时地放下手中的工作，以认真的态度和孩子展开必要的沟通交流。在必要的时候，甚至还可以蹲下身子，眼睛和孩子平视，通过眼神和他们互动，这样会让孩子感受到来自父母满满的诚意。

需要注意的是，在倾听孩子话语时，还要尽量不去打断孩子，让孩子将需要表达的事情完整地叙述出来之后，我们或帮他们出主意，或启发他们的思考，这也是能够让孩子感到获得父母重视的一个方面。假如在谈话过程中，我们不懂得尊重孩子，屡屡打断他们，会让孩子心生厌烦，那样即使做到了倾听，也无法让孩子有被重视的感受。

也有父母会问："有时我们实在是太忙，确实遇到了紧急的事情，比如正在接一个重要的电话，不能对孩子的话语做出及时的回应，这个时候又该怎么做呢？"

很简单，遇到这种情况，父母可以对孩子说："爸爸现在正好有一件非常重要的事情需要处理，给我几分钟时间好吗？结束后爸爸马上陪你说话。"相信大多数孩子会通情达理，耐心地等待父母忙完手头的工作。

二、多欣赏，多肯定，少批评

孩子内心最大的渴望，就是能够得到父母的肯定。在他们眼中，爸爸、妈妈是最值得信任、最值得亲近的对象。所以一旦有了小小的成就，就喜欢拿出来和父母分享，希望得到赞美和肯定，由此获得被重视的感觉。

因此，面对孩子的种种举动，作为父母需要明白的是，多去鼓励他们，肯定他们，即使犯了一些小小的错误也无关紧要，告诉他们要经受住失败和挫折的考验，不怕困难和挑战，才会有更大的收获。

但很多时候，父母不懂得这样的道理，一方面，他们喜欢拿自家的孩子和别人家的孩子做对比："你看李叔叔家的姑娘，作文经常被老

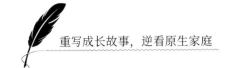

师拿出来当范文朗读，再看看你，就不能多用心一些吗？"

另一方面，孩子犯了错误，不分轻重，不问原因，上去就是一顿奚落："看你笨手笨脚的样子，一点机灵劲儿都没有，这么点小事都办不好，真是蠢材一个。"

不明智的父母就是这样，将自己的孩子看作沙子，将别人家的孩子夸成一朵花。受到言语上的打击和批评，孩子的内心自然会产生极大的失落感，他们感受不到自己在父母心目中的地位，受轻视的委屈也就油然而生了。

三、多和孩子互动，鼓励他们多提问，愿意和孩子分享心事

忙不是借口。在繁忙的工作之余，合格的父母，应当抽出空闲时间，多和孩子互动，如带孩子郊游，和孩子玩一些益智游戏等。这些互动，无疑有助于强化父母和孩子之间的亲密度。

当孩子提出一些稀奇古怪的问题时，父母要多鼓励，并表现出浓厚的兴趣，不怕孩子"找麻烦"，耐心地回答孩子所提出的问题。如果一时之间想不出答案，不如借助各类工具书，和孩子一起翻阅查找。

作为成年人，父母有时也有自己的心事，如果可以拿出来和孩子分享，是最好不过了。孩子听到父母的倾诉，不仅能够更好地理解父母养家的艰辛，同时他们也从中感受到了父母是真正将他们作为家庭内部平等的一员来看待。

【家庭日记】

什么是称职的父母？有爱心，有担当，愿意齐心合力，付出精力和时间去陪伴孩子，给他们营造一个良好的家庭氛围。在这样的家庭中，孩子的身和心都得到了很好的滋养，他们的品行和人格也得以完善与健全，精神富足独立，性情开朗活泼，在以后的人生道路上，他们将会因此而受益终生，并由衷感谢父母当年悉心温暖的教养之恩。

第七章

聪明父母，
点亮孩子未来人生

父母是孩子的第一任老师，也是孩子思想启蒙的第一引导者。父母自身的言行举止、性格品行，将会对孩子的一生都带来深远影响。合格的父母，能以身作则，循循善诱，引导孩子开启对新世界正确的认知，并将子女培养成为精神上无比富有的人，在他们的人生长河里，留下宝贵的精神财富。

给孩子立下规矩

立规矩的意义

俗话说："没有规矩不成方圆。"在人类社会中，正是规矩和规则规范着人们的言行举止、道德品行，让整个社会在有序良性的轨道上运转下去。一旦乱了规矩，社会的和谐运转将成为泡影。

战场是规矩和规则最直观的体现。"军人以服从命令为天职"，也正是这一句最直接的写照。南宋时期的岳家军，之所以让金军发出"撼山易，撼岳家军难"的悲叹，正因为岳家军军纪严明，拥有"铁一般的纪律"，这才打造出了一支"战无不胜，攻无不克"的常胜部队。

同样，父母也需要在孩子人生成长的过程中，给他们立下可供遵守的规矩，也可以称之为"家庭规则"。孩子在一定家庭规则的规范引导下，才能健康茁壮成长。

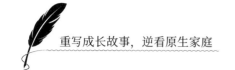

仔细观察生活不难发现，一些原生家庭中的"熊孩子"，行为举止粗鲁无礼，谈吐低俗缺乏礼教，其中的原因，就是在需要给他们立规矩的时候，父母却无动于衷，任由孩子"野蛮成长"，为所欲为，一旦他们性格定型，再想用规则或规矩去规范他们，为时已晚了。

所以，当孩子成长到三岁到六岁这一关键时期，也即在他们的自我意识刚刚萌芽苏醒时，就要适时地给他们制定家庭规则。父母通过这些家庭规则告诉他们：什么事情能做，什么事情不能做，什么事情做过了头会导致怎样的一个后果产生，等等。

🌀 如何立规矩

家庭规则的约束和规范，不但会促使孩子越来越懂事，而且还因规范化、明确化的指导，能够带给孩子极大的安全感。问题是，如何给孩子立规矩，又有哪些规矩必须让孩子知道呢？

规矩一：不能有粗鲁的举止和粗俗的行为发生

什么是粗鲁、粗俗的行为呢？这种情况大多发生在孩子和小伙伴们在一起玩耍的时候。比如遇到一件好玩的玩具，直接上前抢，和小伙伴发生争执；对人不礼貌；调皮过了头；爱骂人；等等，这些都属于粗鲁行为。

作为父母，在察觉孩子有这样的苗头时，一方面要告诉他们这样的行为举止是错误的，另一方面也要明确地对他们说，以后不许犯同样的错误，否则一定要受到相应的惩罚。

规矩二：不是自己的东西不能拿

在孩子眼里，他们常常分不清什么东西是自己的，什么又是别人的，他们只有喜欢和不喜欢的区别。因此在很多时候，当孩子看到自己喜欢的物品时，不管是否属于自己所有，直接占为己有，至于其他的麻烦事，全部交给父母处理。

遇到这种情况，父母要帮助孩子树立自我意识，教会他们区分"自己"和"别人"的不同，告诉他们不属于父母给他们购买的物品，在得到物主的同意后可以玩一玩，不能直接伸手拿走。

规矩三：生活用具摆放有序，学会简单的归纳整理技能

五六岁的孩子其实已经具备了初步自理的能力，如自己穿戴衣服、整理床铺等等。很多父母因为溺爱孩子，常忽略了孩子的这一技能，任由他们将家中的物品乱扔乱放，把家里糟蹋得乌烟瘴气，最后全部扔给父母收拾残局。

其实当孩子具备初步的自理能力时，就要给他们立下有序摆放物品的家庭规矩，绝不能再有胡乱摆放情况的出现。

规矩四：懂得谦让

"孔融让梨"的故事告诉我们，谦让是孩子的一种美德，在他们心目中可以早早种下责任和担当的信念。而现在许多家庭中的父母，将孩子视作是"小公主""小皇帝"，衣来伸手，饭来张口，在家里地位最高。长此以往，很容易助长孩子自私自利的性情特征，长大后也极易霸道蛮横，因此要早早让他们学会谦让。

规矩五：有礼貌，学会尊重他人

孩子天性好动，有时父母和客人说话，他们会打断大人之间的谈话，这是一种不礼貌的行为。因此要告诉孩子，要学会尊重他

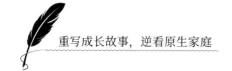

人，在人们谈话时，只有获得允许后才能插话，不能轻易打断别人的谈话。

规矩六：勇于承认错误

在成长过程中，每个孩子都会犯错，关键在于对待犯错的态度是否正确。父母娇惯的孩子，犯了错不肯承认，还强词夺理，为自己的行为狡辩。五六岁的孩子，意识正处于萌芽发展期，绝不能任由他们继续任性下去，必须纠正他们胡搅蛮缠的行为，告诉他们犯了错不可怕，可怕的是不敢承认，没有勇气面对，要敢于承认错误并努力改正错误。

🌀 立规矩时需要注意的事项

一、立规矩必须简洁明确，易懂易记

孩子毕竟年纪小，很多道理他们不懂，理解力也不像成年人那样强，因此父母在立规矩时，力求简洁，给孩子稍微一讲解就可以让他们清清楚楚，明明白白；同时还应明确，千万不可笼统，让孩子感到无所适从。

二、奖励和惩罚并重

立规矩的目的，是让孩子能够很好地遵守，这里就可以用到奖励和惩罚两种手段。孩子做对了，遵守了，要给予表扬，鼓励肯定他们的这种行为；孩子违反了，要给予适当的惩罚，力度掌握好，不能过重，也不能过轻，配合讲道理的方式，让他们印象深刻。

三、立规矩不能和安全感相冲突

规矩是制度，带有一定的强制性，但我们要让孩子能够心悦诚服地去遵守，而不是在孩子犯了错误，或不能好好遵守规矩时，用威胁、恫吓等方式逼迫他们就范，这样将会破坏孩子在家庭中的安全感，不利于他们身心的成长。

最后，无论立什么规矩，父母要以身作则，将自己当作孩子的榜样。父母带头做到了，孩子也将会效仿父母，更好地去遵守已定的家庭规则。

传播正确价值观，给予孩子
建议并捍卫孩子的权益

🌀 价值观的重要性

什么是价值观？简单地说，价值观是指一个人对外界的人、事、物的看法和认识，是人们辨别是非的一种价值取向。通俗地讲，就是人们认为一件事情对不对、该不该做的一种衡量标准。

如果做一个形象比喻的话，价值观就犹如一座大厦的根基，根基不牢固，大厦难以支撑长久；同样，一个人没有正确的价值观，他的人生发展，很容易走入歧途。

也许有些家长认为，孩子年龄小，自主意识差，在他们童年时期，只要身体健康、快快乐乐成长就可以了，没必要引导孩子树立正确的价值观。

显然，抱有这种认识的家长，忽视了价值观对孩子人生成长的重要

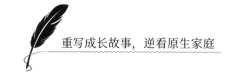
意义。孩子虽然年龄小，但是童年时期正是他们品行塑造的关键时期，他们一旦缺乏正确的认知，等到成年再去培养引导，为时已晚了。

更有一些家长，只重视培养孩子的智力，孩子聪明机敏，学习上取得好成绩，他们就认为孩子"成才"了，这种想法正确吗？

答案自然是否定的。古语云："小赢于智，大赢于德。"任何人道德的养成，都是从价值观的教育开始的。同样，对于孩子而言，他们的人生发展，不仅需要智力的提升，更需要注重非智力因素的培养，而价值观的正确与否，在非智力因素中占据着相当重要的位置。智力和非智力两大因素，就好似鸟儿的双翅一般，两翼均衡发展，才能让鸟儿拥有一飞冲天的能力。

生活中这样的例子比比皆是。小孩子沉迷网络游戏的新闻也层出不穷，他们在游戏上轻轻松松花上成千上万的金钱，让父母操碎了心。

其中的原因，就在于家长忽略了对孩子价值观认知的培养，导致他们的自控力非常差，没有经受诱惑的定力和意志，所以为人父母者，应当及早塑造孩子正确的价值观。

给孩子传播正确的价值观

一、对金钱有正确的认知，不为小利所动

财富是社会运转的动力，是保障我们富足物质生活的必要基础。但我们一定要从小教导孩子培养健康的金钱观，不要和身边的小伙伴们攀比物质，攀比之风盛行，极易让孩子在"斗富"中迷失自我。

还应让他们正确认知的是，"君子爱财，取之有道。"不贪慕富贵，不图小便宜，不为了利益而犯错误，微不足道的蝇头小利最具杀伤力，在它们的诱惑下，一旦打开了贪欲的大门，就如决堤的洪水一般难以遏制，整个人生都因此被毁掉了。

二、勤俭节约是美德

中华民族五千年文明史薪火相传，连绵不断，其中的一个主因，就在于我们这个民族养成了勤俭节约的社会美德，没有像古罗马帝国那样，在奢靡享受中崩溃倒塌。唐诗中"谁知盘中餐，粒粒皆辛苦"，正是古人对后人保持勤俭节约美德的一种警醒。

"一粥一饭，当思来之不易；半丝半缕，恒念物力维艰。"但有一些家长，手中略微富裕了一些，就开始奢侈浪费，比吃比穿比享受，他们的言行，自然会在很大程度上影响到孩子，导致他们的子女也学会大手大脚。须知"由俭入奢易，由奢入俭难"，不懂得勤俭节约，终将会为此付出一定的代价。

三、正直和诚信并重

人生在世，当坦坦荡荡，光明磊落。古往今来，凡是被人们所尊崇、所铭记和怀念的君子，都是"心底无私天地宽"的正直人士。人因正直才有正气，因有正气才会有更大的人生发展，这是恒定不变的社会法则。

同样，诚信也无比重要。诚信是人立身的根本，守信义，重承诺，是人身上最难能宝贵的品行。拥有诚信的人，人生之路才更为宽广。因此从小就要教育孩子对自己的言行负责，说话算数，绝不能耍欺骗的小伎俩、小聪明。

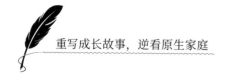

🌀 捍卫孩子的权益

在给孩子传播正确价值观的同时，我们还应捍卫他们正当的权益。比如谦让是一种美德，也是很多家长教导孩子的一个重要方面。在生活中，他们常会告诉孩子，要学会分享，懂得谦让，然而在很多时候，过分的谦让，是一种软弱，会让孩子受到他人的侵害。要知道让孩子拥有分享的意识，并不代表让他们放弃自己应当得到的东西，如果确实属于自己应该得到的事物，就应努力去争取。

除此之外，父母也不要给孩子随意贴上"自私"的标签。童年时期，是孩子自我意识发展的重要阶段，他们有强烈的好奇心和模仿欲，也有强烈的占有欲，我们对此要一分为二地看待，不能因为孩子喜欢占有他们想要的东西，从而将孩子的这种正常心理视作"霸道"的表现，应当承认并重视孩子自我意识发展的存在。

给予孩子充分的尊重，和孩子成为朋友

父母尊重孩子，信任孩子，成为孩子的朋友，在这样一个原生家庭中成长起来的孩子，才能拥有更为广阔的人生舞台。这种观点，也是当下家庭教育领域的一个共同认识。

尊重孩子，是和孩子成为好朋友的前提

尊重孩子，才能和孩子成为无话不谈、敞开心扉交流的好朋友。当父母能够真正地走入孩子的内心深处，分享彼此的喜怒哀乐，孩子那颗纯真的心灵，自然也会积极地给予父母回应。所以，成为孩子朋友的前提，是要学会尊重孩子。

一、认真回答孩子的所有问题，无论问题的大小

在孩子童真的心灵里充满求知的欲望，很多时候，拥有强烈好奇心的他们，总会提出这样或那样的问题。如小鱼在水里会不会被淹死

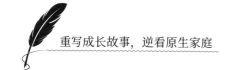

呢？外面下雪了，狗狗都不穿衣服，难道它们不感觉冷吗？诸如此类的问题，常让父母哭笑不得。

虽然孩子的问题看似很幼稚，但这是他们观察这个世界的开始，他们也期望能够从父母那里得到满意的回答。尊重孩子的父母，会认真对待孩子提出的每一个问题，以满足他们好奇的天性。甚至有时还会鼓励孩子多提一些有趣的问题，以激发孩子的思维和想象力。

然而有些父母，在面对孩子提问时，常会表现出不耐烦的神色，以忙为借口，故意躲避孩子的问题，实在躲不过去，就又采取敷衍了事的态度，应付一下。还有些父母，甚至会去嘲笑和藐视孩子们的问题，认为他们的看法和见解纯属异想天开。

显然，生活在这样的原生家庭里面的孩子，当他们丝毫感受不到父母对自己的重视时，他们幼小的心灵会受到严重的伤害，渐渐地和父母疏远关系，彼此之间又怎么能够成为好朋友呢？

二、学着蹲下来和孩子说话

一些原生家庭的父母，常把孩子看作他们的附属品，对孩子颐指气使，语气非常不好，常带有命令式的口吻："听到了没有？不是让你快点过来吗？"尤其是当孩子犯了错误时，他们更加厉声斥责："你怎么这么笨？这点事都做不好！"

虽然这些方式满足了父母家长式的威严，但是和孩子的心理距离愈来愈远。想要尊重孩子，正确的做法是，当孩子需要向父母倾诉时，父母不妨试着蹲下来，目光平视孩子的眼睛，语气和蔼，认真聆听孩子的述说。孩子得到尊重了，在和谐亲密的亲子关系中，孩子自然会将父母视作他们最为知心的好朋友，有什么心事都愿意拿出来和父母分享，而不是遇事就藏着掖着，生怕受到父母的责难。

三、尊重孩子的自尊心

尊重孩子，要学会尊重和照顾孩子的自尊心。孩子的年龄虽然小，但他们的领悟力非常强，也有着强烈的自尊心，对来自外界的看法，尤其是父母的评价和肯定极为重视。也许外人说他们的不好，否定他们的一些行为，孩子还不会因此产生失落感。但当他们认为最为亲近的父母也不会肯定和赞美他时，其自尊心将会受到极大的冲击。

所以，当我们不想让孩子做一些不礼貌的事情时，有时一个眼神就足够了，要学会充分照顾他们的感受。如果当众呵斥他们，会极大地伤害孩子脆弱敏感的心灵。

四、将孩子当作一个独立的个体看待，给他们思想的自由

在孩子成长的阶段，父母可以在行动上去保护孩子，切记不要禁锢他们的思想言行，应当给他们学习的机会。

比如孩子想要自己穿衣吃饭，尽管刚开始的时候，会显得笨手笨脚，弄脏衣服，父母也不应"越俎代庖"，替孩子包办一切，那样会限制孩子的自由成长，让他们永远都"长不大"。

只有真正地去尊重孩子，当他们伤心的时候，用温和的语言去安慰他们，当他们向父母投来求助的目光时，拿出实际行动去帮助他们，才能将孩子的心"俘虏"，让他们愿意袒露心声，真诚地和父母交朋友。

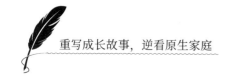

父母应该注意的要点

和孩子以朋友的方式相处，也需要父母注意这样几个方面。

首先要多站在孩子的角度考虑问题。孩子童真无忌，也许言行出格了一些，不过父母需要做的，应当是真正明白孩子需要什么，他们的真实需求又是什么，理解他们独特的思维方式。现实生活中，很多时候，父母和孩子产生矛盾是因为立场不同，所以应当学会换位思考，理解孩子当时的处境，如此一来，诸多矛盾就不再是矛盾了。

其次是和孩子沟通时，要讲究方式和方法，欣赏是第一。孩子愿意和我们分享心事，愿意求助我们，是因为他们将我们当成了真正的朋友看待。此时的我们，也要及时给出回应，提出合理化的解决办法和建议，要明白鼓励和欣赏是最好的精神"慰问剂"，切忌过于生硬，确保亲子沟通畅通无阻。

引领孩子摆脱自卑，走向自信

自卑的成因和根源

心理学家阿德勒说过这样的一句话："每个人都有不同程度的自卑感。"自卑的心理情结，存在于几乎所有人的身上，只是自卑的程度大小不同而已。如有的人家境富裕，但认为个人的容貌身高存在着遗憾；有人天生丽质，却在聪明人面前自信不起来。

即使是阿德勒自己，在童年时期，也曾深深自卑过。他自认为长相丑陋，个子矮小，小时候还患过软骨病，一直长到四岁的时候，才开始蹒跚走路。正因如此，在阿德勒幼小的心灵中，曾深深否定过自己，认为在很多方面，和周围人相比，他都一无是处。

上小学的时候，每天往返的路上，需要路过一片墓地，他走路慢，胆子也比较小，因此常被同学们嘲笑戏弄，大家故意快步前行，将阿德勒丢在后面。一开始，阿德勒又惊又怕，一个人心惊胆战地急匆匆走着。但经历过几次同学们的恶意捉弄后，阿德勒决心向自己发出挑战，当同学们再次甩开他时，他故意放慢脚步，故作镇定若无其事地走着。渐渐地，阿德勒不再对墓地感到恐惧了，并且从这件事情之后，他逐步摆脱自卑的阴影，通过努力学习，成就了个人的一番事业。

人们之所以产生自卑的情绪，一部分原因是自我对天生条件不足的审视，另一部分则来自负面的生活经历，如挫折、困苦、被讽刺嘲笑等。简单地理解，自卑是自信的对立面，属于性格缺陷的一种，是在暗自和周围人对比后产生的深深落差感。

对于孩子而言，他们的自卑心理，大多来自周围人对他们的不当评价，并通过自我对比，从而自我否定。比如人们嘲笑一个孩子头部太大，像一个"大头娃娃"一般，时间长了，孩子感觉自己的头部发育确实与众不同，他从人们嬉笑嘲讽的目光中，读出了不一样的味道，由此导致了他们自卑心理的出现。

自我对比也是如此，即使没有身边人刻意去讥讽他，但当他看到小伙伴们衣着华丽，玩具一大堆，再看看自己的穿戴朴素寒酸，父母舍不得花钱为他购买心爱的物品。在两相对比之下，他们就认为自己的家庭条件不如对方，感觉低人一等，一旦自我否定的阴影在心里萌芽，原本活泼快乐的他们，便变得沉默少语、落落寡合了。

因此，从本质上看，自卑是一种在内心挣扎下的无力感，想要有所超越，但又感到无从下手的失败感。人们最常见的自卑表现是，无论面对任何人、任何事，都会在脑海中闪现这样的念头：这件事情我做不了，我什么都不会，我实在是太差劲了……

如果仅仅如此，还能够通过鼓励和肯定的方式让他们振作起来。

然而在更多时候，自卑的孩子，因为太过于自我否定了，进而产生了消极的人生态度。

萱萱天生聪慧，各方面都非常优秀。美中不足的是，她的身材有些肥胖，看起来比同龄的孩子要胖上许多。因此一些调皮的孩子，便在背后喊她"小胖"，这让爱美的萱萱很受伤，原本开朗的性格不见了，情绪变得非常低落。

萱萱的妈妈看到了苗头之后，赶忙去鼓励和安慰她，并制订了详细的减肥计划，一有时间就陪着她做减肥运动。

可是坚持了一段时间之后，也许是太过于心急的缘故，看不到明显成效的萱萱便准备放弃。妈妈再次鼓励她，谁知萱萱积压已久的情绪突然爆发了，她大声对着妈妈哭诉道："天天练习有什么用，体重一点都没有变化，我不想练习了，让同学们尽情嘲笑我好了。"

虽然有妈妈的肯定和支持，但在减肥这件事上，萱萱依然不能相信自己可以减肥成功，甚而变得比以前更消极。原因就在于她纠结于自身缺点的痛苦中不能自拔，即使面对外界的安慰和激励，在她的眼中，这种激励和欣赏，不过是一种"善意的谎言"，谁的话都不敢相信，以至于拒绝自我改变，继续自暴自弃下去。

🌀 如何引导孩子摆脱自卑树立自信

明白了自卑产生的根源，在引导孩子树立自信的过程中，可以借鉴这样两个方法。

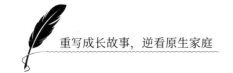

方法一：弱化孩子的自我关注度

孩子自卑，根源在于他们太过于自我关注，太在意他人对自身的评价，由此对身体上的缺陷和缺点固执地揪住不放，拒绝做出自我改变。

对此，我们一方面要用亲情去感召他们，让他们明白，无论在任何时候，父母和兄弟姐妹，都不会嫌弃他，始终坚定地站在他的身后支持他。

另一方面，培养他们广泛的兴趣爱好。从简单的事情做起，让孩子获得成就感，一次次成就感的累积，会增强他们的自信心。当孩子的自我关注度弱化了，自卑的心理情结也就逐渐消散了。

方法二：培养孩子的自我选择意识

自我选择意识的逻辑起点，在于让孩子意识到自我存在的重要意义，明白每个人都各有自身的长处优点，要将重心放在自我的优点上面，树立远大的目标和志向，从而不断提高自我存在的人生价值。

锻炼孩子的意志力，提升孩子的心理承受能力

蛋壳心理

在孩子的人生成长过程中，许多家长常会有这样的疑问和困惑：为什么我家孩子的心理承受能力如此差呢？稍微一点点的挫折和困苦，他们就说吃不消；不敢面对困难，不能正视现实，只知道去怨天尤人。

这些家长对孩子心理承受能力差的困惑，源自一种"蛋壳心理"。也可以说，孩子的心理承受能力出现了问题，很多时候和家长的培养教育密不可分。

大多数父母都疼爱孩子，关心孩子，有的甚至到了溺爱的地步。或许自己小时候吃过苦，不愿让孩子"重蹈覆辙"，因此父母们从小就对孩子娇生惯养，竭尽所能地给他们提供最优渥的物质生活；对孩子们的要求也是百依百顺。如此小小年纪的他们，就过上了"皇帝般"的生活，衣来伸手，饭来张口。

我们不妨仔细想一想，父母疼爱孩子的心情可以理解，但生活在这种家庭环境下的孩子，如果做一个比喻的话，是不是非常像生活在被爱完全包裹的"蛋壳"之中了呢？在这个小"温室"里面，习惯了依赖父母的孩子，当需要他们独立面对困难时，不是去想办法积极解决，而是选择观望和逃避，寄希望于有人像他们的父母一样，为他们包办一切。

如此下去，孩子的心理承受能力自然会越来越脆弱。受不了委屈，经不起挫折，在困难面前畏首畏尾，一有小小的失败就心灰意冷，失去了生活的勇气。所以在现实生活中，有些孩子尽管头脑聪明，从小到大学业优秀，可是一遇到挫折就动不动选择自暴自弃，其中的原因，正是因为他们缺乏强大的心理素质。

反观那些心理健康、承受能力强的孩子，他们不仅拥有强烈的求知欲和探索精神，同时为人乐观活泼，开朗自信，心态从容，意志力也非常强大坚定，在激烈的社会竞争中，他们才是"适者生存"的典型代表。

🌀 锻炼孩子意志力的"诀窍"

身为父母，疼爱孩子无可指责，不过需要注意的是，不能太过于骄纵孩子。被宠爱的孩子长大成人之后，将很难适应社会。因此，我们需要明白的是，与其为孩子安排好一切，不如教会孩子拥有面对一切的勇气和毅力，毕竟我们不能陪伴孩子到老，他们还要独立面对社会的风雨，只有自身心理素质强大了，才能更为从容自信地走下去。

诀窍一：自己的事情自己做

父母习惯为孩子扛下所有，只希望他们能够好好读书学习。殊不知这样的做法，让孩子失去了自主生活的能力，养成了高度的依赖心理，也缺乏必要的独立意识，不能很好地处理所遇到的困难和问题。

所以，正确的做法就是，条件允许的话，多鼓励孩子做他们力所能及的事情，尽量不要麻烦别人，学会安排自己的饮食起居，这一行为应从小就开始培养，才更有显著的效果。

同时，面对孩子的不合理要求，也要态度鲜明地予以拒绝，不要怕"得罪"孩子。一定要让他们明白，父母不是无所不能的，这个世界也不是他们想要什么就有什么的。

诀窍二：少奉承孩子，对孩子的鼓励和肯定，要符合实际

孩子的心理，决定了他们都喜欢听到表扬的话语，害怕被批评、被否定。当孩子做出一定成绩时，我们可以给予适当的赞美和鼓励，但千万不要太过于奉承孩子，那样对他们无疑是一种"捧杀"。

生活中有些父母就常犯这样的错误，孩子也许确实聪明一些，在外人面前，他们将自家的孩子夸成了一朵花，简直是完美无缺的存在。但是，过多的溢美之词会助长孩子骄傲自满的心态，养成他们任性、虚荣的性情，一旦遭受负面评价，强大的心理落差会让他们难以承受。

正确的做法是，客观、公正地评价孩子，他们的优点要赞扬，他们的缺点要及时指出，鼓励他们努力改正；做出了成绩要肯定，做错了事情要批评，从小就要让孩子有正视自我的意识，这也是提升他们心理承受能力的重要方法。

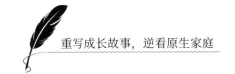

诀窍三：让孩子适当吃点"苦"，跌倒了要自己爬起来

在锻炼人的意志力和毅力上面，千年之前的孟子就曾说过："故天将降大任于斯人也，必先苦其心志，劳其筋骨，饿其体肤，空乏其身，行拂乱其所为，所以动心忍性，曾益其所不能。"唯有如此，才能无惧风雨，成就自我的一番事业。

父母在提升孩子心理承受能力方面，也应学习孟子磨炼人的意志力的做法，在适当的时候，不妨让孩子多吃点"苦头"，如多参加一些家务劳动和社会锻炼，经受一些必要的困难考验，学会自己处理和解决问题，如此在增强他们适应能力和自主能力的同时，对磨炼孩子的毅力和意志力也大有裨益。

诀窍四：及时察觉孩子的心理变化，开展对他们的心理疏导工作

当感觉近期孩子心理压力太大时，父母还应多去和他们谈心，和孩子们一起寻找原因，找到问题的根源，并给出适当的建议，这些行为也有助于提升孩子的心理承受能力。

让孩子有一颗豁达的心

培养孩子豁达的心胸很重要

　　孩子是父母爱情的结晶，不仅在外貌和性情上和父母非常相近，而且他们的心胸气度也极易受到父母的影响。父母仁德宽容，博爱无私，在他们言传身教的熏陶下，孩子也会拥有乐观宽广的胸怀；反之，斤斤计较，为一点鸡毛蒜皮的小事或蝇头小利而大动干戈的父母培养出来的孩子，自然也大多以刻薄寡恩、心胸狭隘的面目示人。

　　将心胸豁达和气量狭小的两种类型的孩子放在一起对比，显然前一种类型的孩子，人生发展的道路更为广阔。其中的原因在于，豁达是一种海纳百川的心态和气量，更是一种"心底无私天地宽"的博大胸怀。

　　人们常说："心有多大，舞台就有多大。"拥有豁达心态的人，常

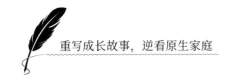

会严以律己，宽以待人，无论在生活还是工作中，他们能容纳不同的意见，允许人们在犯下过失时，有改正自新的机会。这种宽仁温和的性情，使得他们能获得更为融洽的人际关系，为他们事业的成功铺垫坚实的基础。

同时，在对待生活的态度上，心胸豁达的人更积极向上，看淡荣辱得失，在人生得意时，能"不以物喜"；在人生失意时，也能做到"不以己悲"；当他们在遭遇艰难困苦的处境时，也常百折不挠，敢于迎难而上，直达胜利的彼岸。正因如此，在家庭教育中，父母应着重培养孩子豁达宽广的心胸，教给他们为人处世的道理，让孩子成长为一个浑身散发无穷魅力的人。

豁达心胸培养的路径

和身高、外貌等受父母先天遗传因素影响不同，豁达的心胸是一种处世哲学和思维方式，完全可以通过后天的学习培养获得。在具体方法路径上，有这样几个建议可供参考。

路径一：父母应注重自身言传身教的影响

一个人的秉性气度、胸怀雅量，深受原生家庭的影响。父母如果心胸开阔，乐观积极，孩子在耳濡目染之下，自然也会拥有这种宽厚仁爱、博大的心胸。

"入芝兰之室，久而不闻其香；入鲍鱼之肆，久而不闻其臭。"明白了这一点，作为父母，在注重自身言行与心胸修养的同时，也应努力为孩子的成长创造出一种宽容的家庭环境，生活中多亲近仁德有爱的人士，并通过严谨的家教和家风，培养孩子向着积极健康的一面发展，让他们的心态和格局更加开放。

路径二：用优良的传统文化来熏陶、感染孩子

中华传统文化博大精深，五千年至今，流传下许多为人处世的哲学道理和人文典故，而这些正是孩子需要的精神食粮。

因此，作为父母，应当在日常生活中多向孩子讲述历史上有关宽容的故事，如"负荆请罪""塞翁失马"等成语典故，让他们从中汲取到宽和待人、拥有一颗平常心的人生智慧。

路径三：多让孩子亲近自然山水

古语常说："仁者乐山，智者乐水。"自然界的山水风情，如浩瀚无垠的海洋，雄伟巍峨的高山等，会让孩子沉浸其中，使他们的心境变得愉悦柔和，性格也越发活泼开朗，如此便对培养孩子豁达的心胸，起到了莫大的促进作用。

路径四：教导孩子正确认知自我，学会宽容自己

在孩子的人生成长过程中，父母需要不断告诉他们的是，世间没有完美无缺的人，也没有完美无缺的人生，人不是万能的，无论是做人还是做事，都不必太过苛求。当我们努力过了，奋斗过了，即使有遗憾，也不必怨天尤人，自责痛悔，完全可以允许自己失败一次。只要能从失败中总结出经验教训，相信一定可以有东山再起的那一天。

路径五：引导孩子在社交活动中学习宽容

宽容不仅是一种理念上的灌输，更要运用到实践中去。当孩子走出家庭，在社交活动中和其他小伙伴相处的时候，要让他们多去主动

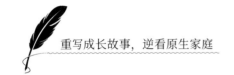
地帮助其他的小朋友；尤其当看到有些小伙伴身上的优点和长处时，要努力学习看齐，而不是嫉妒嘲讽。相信他们自身宽容的心态和豁达的心胸一定可以为自己赢得更多真心的朋友，这样也就能够让他们更加明白宽容的意义。

路径六：养成良好的生活习惯，树立长远目标

培养孩子多参加一些体育锻炼等户外活动，这些良好生活习惯的养成，可以锻炼孩子的体魄，增强他们的精神活力与蓬勃朝气，也有助于培养孩子豁达的心胸；同时还要让孩子自小就树立长远的发展目标，并通过努力，一步步加以实现。目光长远了，目标清晰了，孩子就不容易为生活上的琐事所烦恼，心态自然会变得宽广起来。

重视对孩子自立精神的培养

成才，离不开孩子的自立精神和独立意识

父母对孩子最大的期望是什么？如果要问这样的一个问题，相信天下所有的父母都会异口同声地回答："希望孩子能够长大成才，有自己的一番事业，有幸福美满的人生。"

但如果要问，孩子成才的必备要素都有哪些，什么才是孩子成才的关键，恐怕能够说出比较准确的答案的父母为数寥寥。他们甚至会惊讶地说："孩子有高智商，思维敏捷，学业优秀，不就是成才了吗？"

诚然，头脑聪敏、心思灵巧的孩子更容易成才，但要知道，这并非孩子成才的关键。生活中无数事例告诉我们，孩子仅仅拥有高智商还远远不够，在充满激烈竞争的现代社会中，孩子还应具有健全的心理素质和自立精神、独立意识，如此才能够更好地适应社会的发展，走出属于自己的一片新天地。

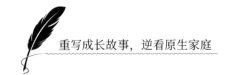
那么，什么是自立精神和独立意识呢？从深远的意义上说，所谓的自立精神和独立意识，其实就是一个人具有的独立分析和解决问题的能力。一个人智商再高，如果缺乏适应社会发展的自立精神，一遇到困难和挫折就心灰意冷，缺乏迎难而上的勇气和胆识，那么他的人生之路又能走多远呢？

曾有一个寓言故事，就深刻地说明了自立精神和独立意识的重要性。有一个富裕人家的孩子，从小就被父母娇生惯养，所有家务劳动都不需要他插手，每天只需父母将食物端到跟前就行了，过着无忧无虑、锦衣玉食的富贵生活。

然而，他的父母毕竟不能照顾他一辈子，等到父母去世之后，不会经营生活的他，很快便将家业挥霍一空，日子过得越发潦倒。当他失去了赖以生存的生活来源后，连乞讨都不会，或者说懒得去做，最终被活活饿死在家中。

这则寓言故事告诉人们的是，即便有再大的家业，再能干的父母，如果孩子没有养成自立精神，坐吃山空之后，他们终将会迎来人生的悲剧。这也是"授人以鱼，不如授人以渔"道理的体现，其中的关键，就是要让父母明白，培养孩子成才的关键，就在于要培养他们树立自立精神与独立意识。

人类社会的孩子，需要自立精神才能更好地生存下去，同样，动物的世界也是如此，两者之间其实存在着共性。比如一些动物，一旦幼崽长大，它们的父母就会逼迫幼崽离家独立生活，不走就扑上去撕咬扑打，直至将它们远远赶出去为止。因为从本能上看，动物父母也深知不能一辈子养育幼崽，只有让幼崽自立自强，才能在残酷的自然界中生存繁衍。

所以，身为父母需要明白的是，长期的溺爱和呵护，只能让孩子遇到问题的时候第一个闪现在脑海中的念头就是：没有了父母，我该怎么办？而从来不去想如何主动地处理和解决问题。试想这样的孩子，能够适应社会发展的需要吗？答案显然是否定的。

培养孩子自立精神的"小妙招"

当父母懂得了培养孩子自立精神的重要性之后，他们又疑惑的是，如何去培养孩子呢？

妙招一：培养孩子的自立心

现代社会，几乎每个家庭里面的孩子，都集父母长辈的"万千宠爱"于一身，孩子哭了闹了，都会让父母揪心，他们会想尽一切办法，满足孩子的需求。

其实这样做，只能适用于孩子的婴儿期，当孩子到了两三岁的时候，就要逐步培养他们的自立心。比如吃饭穿衣等日常小事，应鼓励孩子自己的事情自己做，让他们明白不能事事依赖父母。

妙招二：给孩子更多的自由空间

有些孩子在倾诉烦恼时，常会抱怨父母看得太紧，管得太严，他们想要去做自己感兴趣的事情，却常常被父母无情地阻止。

要知道孩子在慢慢长大的过程中，其自主意识也在逐渐萌发，父母正确的做法是，在确保不出意外的情况下，给孩子更多的自由空间，培养和激发他们的主动性和积极性，让他们独立性的意识得到充分的发挥。

妙招三：让孩子在遇到困难时自己解决

困难和挫折是培养孩子独立成熟的一个重要考验，不要一出现问题，父母就想要为孩子"摆平"一切。需要告诉他们的是，遭遇棘手的问题时要自己想办法去处理，要敢于面对，拿出勇气和信心，不要期待他人的帮助。失败了不可怕，无非跌倒重来，只有经历风雨，才能锻炼自我独立发展的生存技能。

在培养孩子自立精神时，父母还应多一点耐心，多花一些时间，在生活中给他们自立成长的机会，鼓励他们尽早自强独立起来。

【家庭日记】

世间的每一个孩子，都犹如一块璞玉，正所谓"玉不琢，不成器"，孩子能否健康成长，和父母的教养有着莫大的关系。我们需要明白的是，一味地溺爱，绝不会培养出一个懂得感恩、善良乐观的孩子，这种爱，对孩子只能带来巨大的伤害。真正的爱，是通过父母的教导，培养出自信从容、精神自立的孩子，促使他们成长为社会的栋梁之材。

参考文献

[1] 陈公.原生家庭与幸福人生 [M].合肥：安徽人民出版社，2015.

[2] 刘昭.原生家庭 [M].北京：文化发展出版社，2020.

[3] [美] 里克·约翰逊（Rick Johnson）著，郑淑丽译.称职的父母：如何为孩子创建健康的原生家庭 [M].上海：上海社会科学院出版社，2019.

[4] [美] 罗纳德·理查森（Ronald W. Richardson）著，牛振宇译.超越原生家庭（第 4 版）[M].北京：机械工业出版社，2018.

[5] 卢熠翎.与生命和解：疗愈原生家庭的伤与痛 [M].北京：中国青年出版社，2019.

[6] [法] 塞西尔·大卫-威尔著，王秀慧译.超越原生家庭的养育 [M].北京：北京科学技术出版社，2019.

[7] 施阳，陈建林.拒绝家庭暴力 创建和谐家庭 [M].北京：企业管理出版社，2016.

[8]　[德] 斯蒂芬妮·斯蒂尔著，胡静译.突围原生家庭：如何在过去的伤痛中重建自我 [M].北京：北京联合出版公司，2019.

[9]　[美] 苏珊·福沃德博士、克雷格·巴克著，黄姝、王婷译.原生家庭：如何修补自己的性格缺陷 [M].北京：北京时代华文书局，2018.

[10]　朵拉陈.走出原生家庭创伤 [M].北京：机械工业出版社，2018.

[11]　沈家宏.原生家庭：影响人一生的心理动力 [M].北京：中国人民大学出版社，2018.

[12]　王博.原生家庭心理学 [M].苏州：古吴轩出版社，2020.

[13]　和月英，许肖辉.家庭教育必知的 47 大关键 [M].北京：北京工业大学出版社，2010.

[14]　王修文.给孩子最好的家庭教育 [M].杭州：浙江教育出版社，2000.

[15]　陈武民.家庭教育常见问题解答 [M].北京：中国财富出版社，2017.

[16]　孙云晓，张勤.好的家庭教育 [M].北京：清华大学出版社，2017.

[17]　蒙谨.正面教养 [M].北京：中国友谊出版公司，2020.

[18]　万莹.教育孩子要懂得心理学 [M].长春：吉林文史出版社，2018.

[19]　李小妃.与原生家庭和解 [M].上海：文汇出版社，2020.

[20]　珊瑚海.儿童心理承受能力养成课 [M].天津：天津科学技术出版社，2019.